JN066083

営業サプリ式

大塚寿の売れる営業力養成講座

大塚 寿
OTSUKA Hisashi

日本実業出版社

はじめに

「思うような成果が出せずに、辛い思いをしてはいませんか？」
「売れている営業パーソンを尻目に、惨めな思いをしていませんか？」
「自分は営業には向いていない……なんて悩んでいませんか？」

営業という仕事は、これまでの業績も、今の業績も、これからの業績見込みも数字で明確に表すことができるので、まるで偏差値のように自身の実績を他の営業パーソンと比較されてしまいます。

しかも、手を抜いているわけでもなく、一生懸命にやっているにもかかわらず〝売れない〟ということも少なくありません。

先輩社員や同僚たちみんなが〝売れない〟のなら、「製品の競争力がないから」と納得できるかもしれませんが、半数以上の人が目標を達成し、後輩にまで抜かれてしまうとなると心穏やかではいられないでしょう。

「あなたは売れる営業パーソンになりたいですか？」

上司や会社から「よくやってくれた」と評価されたいですか？　そして、何より、活躍して達成感や自己効力感を味わいたいですか？

だからこそ、あなたはこの本を手に取って、ここまで読んでくださったのですよね。なら、その方法をお教えします。あなたの営業偏差値が10UPする方法といってもいいでしょう。**実は、営業には「向き」「不向き」なんてなくて、センスでもなくて、方法さえ知っていれば誰でも売れるようになります。**受験の時に、いい参考書やいい講師にめぐり会えただけで、偏差値40台、50台からなら10UPするのは珍しいことではなかったのと同じです。なぜ、そこまで自信を持っていいきれるかというと、私自身がその原体験をしているからです。

子供の頃からサボるのが大好きで、努力する才能にも、集中力にも恵まれなかった私は当然の報いとして、高校、大学、就職とも第1志望には入れず、生煮え感満載で、社会人1年生となりました。

ゼミの1学年先輩の勧めで、志望すらしていなかったリクルートに入社することとなり、人生が変わりました。たまたま配属された部門が社運をかけて新設された事業部で、全社からトップセールスや売れる営業パーソンの育成を得意とする管理職が集結していたのです。

第1章で紹介しますが、そこで、売れる営業になるための方法を伝授され、しかも、当時の日本最強と言われた他社のトップセールス全員にも会って、その営業を見せてもらい、手ほどきも受けてきました。


その方法を模倣しただけで、すぐに売れるようになりましたし、アプローチ準備、アプローチ、初回訪問、商談、プレゼン、クロージングなどにはそれぞれ有効な方法がたくさんあって、それらを多く知っていれば、知っているほど有利だということも学びました。

その方法を体系化すべくアメリカにMBA留学したのは、その体系化は日本人には難しく、アングロサクソンが得意とする領域だと知っていたからです。

帰国後、26年間にわたり各社の営業研修や営業力強化を担当、1兆円超の発電所案件、ITソリューション、総合人材サービス、自動車、半導体からフルコミッションの外資系生保など**ほとんど全ての業種の営業研修で売れる営業パーソンを育ててきました。**


本書では、その方法を1人で学べる参考書として全て開示していきます。

今度は、あなたが〝売れる営業パーソン〟になる番です！

目次

〈営業サプリ式〉大塚寿の「売れる営業力」養成講座

第1章

本書の使い方と営業の特性・スタイル・種類を知る

本書の効果的な使い方

そもそもあなたの営業はどんな営業か ～営業の種類～

第2章

たった「これ」だけのアプローチ準備で「すぐ」売れる営業に変わる！

STEP 1

つまずきやすい場面への一問一答
～営業パーソンの生の声へのアドバイス～

STEP 2

「売れる営業力」養成講座　アプローチ準備編

第3章 有効なアプローチと「すぐ」成果が出る方法

STEP 1

つまずきやすい場面への一問一答 ～営業パーソンの生の声へのアドバイス～

STEP 2

「売れる営業力」養成講座　アプローチ編

STEP 3

特別講義　テレアポの極意

第4章

誰でもできる！「すぐ」成果の上がる商談の流れの習得

STEP 1

つまずきやすい場面への一問一答
～営業パーソンの生の声へのアドバイス～

STEP 2

「売れる営業力」養成講座　商談の流れ編

第5章

売れるオンライン商談（リモート商談）と電話による商談

STEP 1

オンライン商談でつまずきやすい8つの場面

STEP 3 「売れる営業力」養成講座　**電話による商談編**

第6章

お客様は「どのような提案」を求めているのか？

STEP 1

つまずきやすい場面への一問一答

～営業パーソンの生の声へのアドバイス～

STEP 2

「売れる営業力」養成講座　提案編

第7章

売れる営業のプレゼンとクロージングの鉄則は「これ」だけ

STEP 1

つまずきやすい場面への一問一答

～営業パーソンの生の声へのアドバイス～

STEP 2
「売れる営業力」養成講座　プレゼン・クロージング編

第8章

いかに「交渉」「トラブル処理」をうまく行い、顧客との関係を深めるか

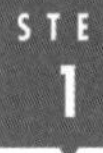

つまずきやすい場面への一問一答
~営業パーソンの生の声へのアドバイス~

STEP 2

「売れる営業力」養成講座　交渉・トラブル対応、顧客対応編

第9章 売れる営業になるための社内営業と商談管理

STEP 1 つまずきやすい場面への一問一答
~営業パーソンの生の声へのアドバイス~

社内営業

商談管理・案件管理

STEP 2
「売れる営業力」養成講座　社内営業・商談管理編

第10章

営業上の「迷い」、営業が「辛い」と感じた時にどうするか？

STEP 1

つまずきやすい場面への一問一答 ～営業パーソンの生の声へのアドバイス～

STEP 2

「売れる営業力」養成講座　マインド・心構え編

巻末資料

巻末付録

カバーデザイン／萩原 睦（志岐デザイン事務所）
本文デザイン・ＤＴＰ／初見弘一
編集協力／山本櫻子

第1章

本書の使い方と営業の特性・スタイル・種類を知る

INTRODUCTION

本書の効果的な使い方

1 本書の構成

本書は「この1冊で、自身の営業の弱点克服法が分かり、それを実践すれば、『すぐ』に結果が出る〝営業の学習参考書〟」です。

各科目別にその時代、時代に定番といわれる学習参考書や問題集が存在し続けたのは、最も効果があったからに違いありません。この本もそこを目指して企画されました。

そのため、営業上の弱点の克服、逆に営業力強化、自社の「営業の型」を構築するベンチマーキングとして、あるいは「営業というものが、どういうものか知りたい」といった目的に対し、それぞれ最大の効果が上げられるように構成されています。

具体的には、**営業の各プロセスごとにSTEP1として営業パーソンが「つまずきやすい場面への一問一答」からスタート**します。

これは四半世紀以上、営業研修講師として第一線に立ってきた私が、質疑応答や無記名の質問表での一問一答を行った際の、それぞれのベスト3を紹介しています。

さらに、**STEP2では「売れる営業力」養成講座として、「売れる営業」になるための具体的な方法を紹介していきます。**

場合によって、**もっと突っ込んだ解説が必要な章にはSTEP3を設けて、実際に用いるトークや言い方、言い回し、間合いの取り方まで細かく紹介していきます。**

要は営業の成果というのは、方法をいくつ知っているかで決まってしまうからです。

この低成長、価格競争の時代、営業で成果を出すには、そうした時代にふさわしい細かな営業の「方法」「次の一手」をいくつ知っているかが最も重要なのです。

その方法の源流は、新卒で入社したリクルートのトップセールたちから徹底的に刷り込まれたやり方です。たまたま当時、リクルートで「天才」と呼ばれた営業パーソンと同郷で、彼の弟と私の姉が同級生だったという偶然から、〝一子相伝〟とまでいわれた営業の数々の技を伝授され、そのスキルに導かれ、私自身もトップセールスとなりました。

〈 本書の構成 〉

第 1 章 本書の使い方と営業の特性・スタイル・種類を知る

第 2 章 たった「これ」だけのアプローチ準備で「すぐ」売れる営業に変わる！

STEP 1 つまずきやすい場面への一問一答 ▶ STEP 2 アプローチ準備編

第 3 章 有効なアプローチと「すぐ」成果が出る方法

STEP 1 つまずきやすい場面への一問一答 ▶ STEP 2 アプローチ編 ▶ STEP 3 テレアポの極意

第 4 章 誰でもできる！「すぐ」成果の上がる商談の流れの習得

STEP 1 つまずきやすい場面への一問一答 ▶ STEP 2 商談の流れ編

第 5 章 売れるオンライン商談（リモート商談）と電話による商談

STEP 1 オンライン商談でつまずきやすい８つの場面 ▶ STEP 2 オンライン商談編 ▶ STEP 3 電話による商談編

第 6 章 お客様は「どのような提案」を求めているのか？

STEP 1 つまずきやすい場面への一問一答 ▶ STEP 2 提案編

第 7 章 売れる営業のプレゼンとクロージングの鉄則は「これ」だけ

STEP 1 つまずきやすい場面への一問一答 ▶ STEP 2 プレゼン・クロージング編

第 8 章 いかに「交渉」「トラブル処理」をうまく行い、顧客との関係を深めるか

STEP 1 つまずきやすい場面への一問一答 ▶ STEP 2 交渉・トラブル対応、顧客対応編

第 9 章 売れる営業になるための社内営業と商談管理

STEP 1 つまずきやすい場面への一問一答 ▶ STEP 2 社内営業・商談管理編

第 10 章 営業上の「迷い」、営業が辛いと感じた時にどうするか？

STEP 1 つまずきやすい場面への一問一答 ▶ STEP 2 マインド・心構え編

リクルート以外でも当時の営業の強い会社のトップセールスたちにも片っ端会って、営業やプレゼンを生で見せてもらってきました。

その営業の技やスキルを体系化し、誰でも身につけられるようにするためにアメリカにMBA留学し、帰国後は営業コンサル、営業研修の講師として四半世紀以上、日本の主力企業や中小企業の営業パーソンの育成に携わってきました。

その中で、IT業界、製造業、生保、総合人材サービス業、自動車ディーラーなどほとんどの業界の営業特性や好業績の人とそうではない人との違いに触れてきました。

その集大成として誰でも売れるようになる技、方法、言い方、聞き方の全てを余すところなく本書に記します。営業の数字的なプレッシャー、顧客とのギリギリの交渉、壁に当たった時の「辛さ」や「しんどさ」は痛いほど私の体にも刻まれています。

あなたの苦しみや辛さを軽減するのではなく、もっと進めて会心の受注でモヤモヤした気持ちを一掃し、台風一過のように晴れ晴れした気持ちになるような、仕事上での成功を果たすための奥義をここで直に伝えたいと思います。

これまでも『リクルート流』『法人営業バイブル』といった営業本や『オーラの営業』という営業小説が日本中の営業パーソンから熱い支持を得てきました。

あるいは、リクルート元取締役酒井雅弘氏がリクルート株の上場益を投資してスタートさせたオンライン営業研修「営業サプリ」で「売れる営業養成講座　営業の教科書」を執筆。多くの記事がGoogle検索で1位となっています。

営業サプリでは営業のノウハウを13カテゴリー144スキルに分類し紹介していますが、**本書ではその中から特に重要な部分を厳選し、どこから読んでもすぐに身になる10個の章に集約しました。**次ページの図解は、13カテゴリーのうち、各章がどこに該当するかを指しています。

さらに**本書では、そうした書籍やオンラインのコンテンツでもあまり紹介してこなかった核心的なスキルや技、最新情報、帳票も余すところなく紹介していきます。**

なぜなら、誰でも「すぐ」に売れる営業の技や方法を次の世代に引き継ぎたいからです。その背景にあるのはズバリ「危機感」です。

日本企業が国際競争で劣勢になり始め、かつて栄華を誇った半導体も家電も、もはや韓国、中国に抜かれてしまいました。かろうじて日本企業を支えていた自動車産業も、世界的なEV化の潮流の中で苦しんでいるように思います。テレビのキーテクノロジーがブラウン管か

〈 営業サプリの講座の13カテゴリーと本書の構成の関係 〉

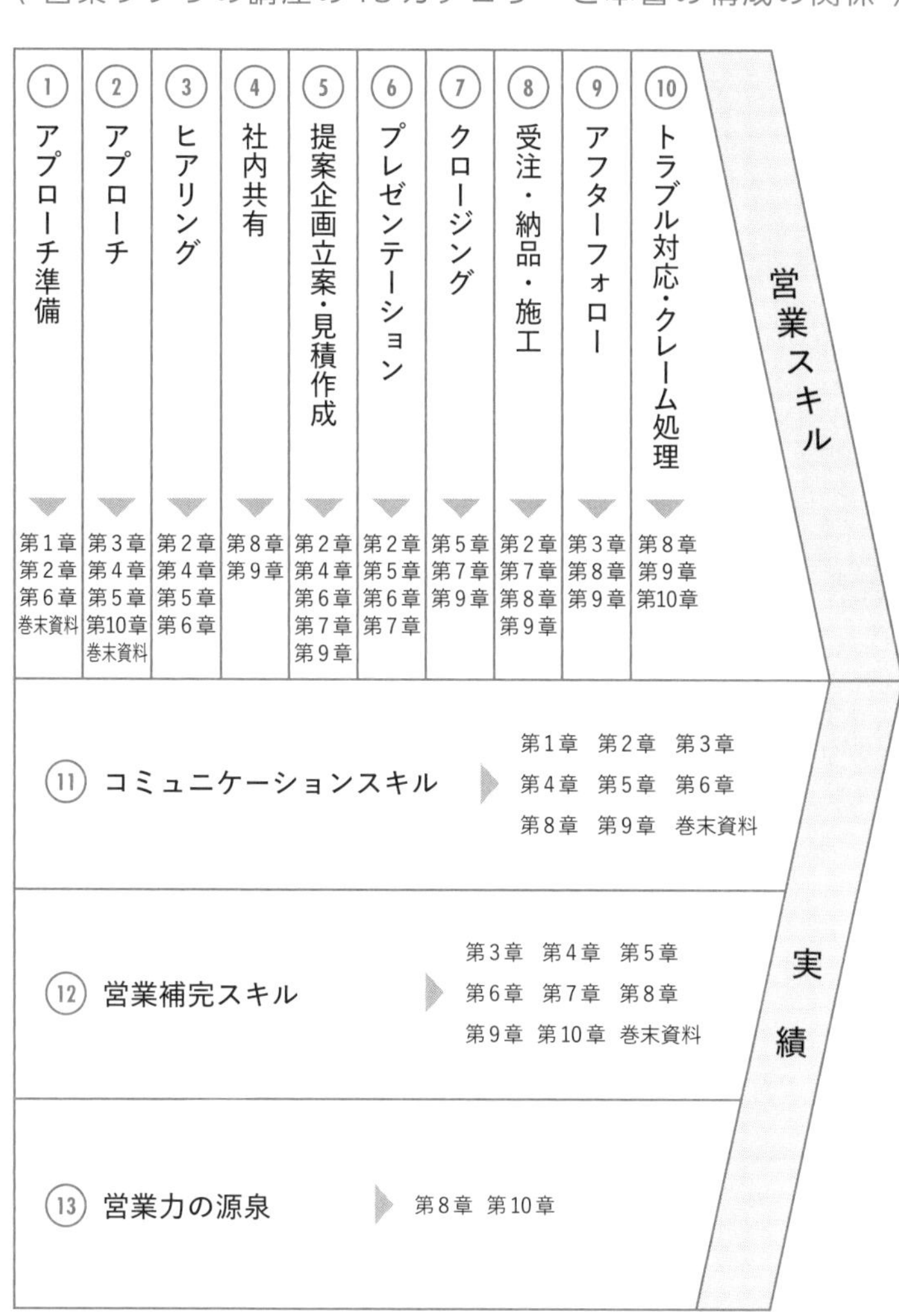

ら液晶に換わったタイミングで日本企業が競争力を失っていったのと同じ道を歩むのではないかと、背筋が凍る思いです。同じ危機感を持っているのは、私だけではないでしょう。

コロナ禍の中、テレワークが多くなり、赤ちゃんや小さなお子さんを連れたママやパパたちを目にする機会が増えました。そうした姿を見るにつけ、次の世代を担う人たちにこの日本の繁栄をそのままお渡しするために、自分のできることをやろうと考えたのです。

ですので、**この本の読者に売れる営業、勝てる企業であり続けるための営業の技の全てを公開することにしました。** 私が営業本を書くのはこれが最後になっても後悔しないように、全てをここであなたにお伝えしたいと思います。

では、とっておきの営業講座を始めましょう。

2 全てを読まずに、どこから読めばいいか

まず、最初に本書の効果的な使い方として、4つの目的別に読み方を共有しておきましょう。本書は、**頭から終わりまで通読するといった通常のビジネス書の読み方とは異なります。**

具体的には、例えば、弱点を克服したい営業パーソンと自社の「営業の型」を作ろうとしている営業企画の管理職とでは、目的が異なるので当然、読み方も違ってきます。ここでは代表的な4つを紹介しておきます。

❶ 弱点の克服

例えば、テレアポが苦手なところに、コロナ禍によるテレワークが広がり、ますます電話によるアポイントの獲得が難しくなっているなら、**まずは第3章を何度も何度も読み返し、そこで「できそうなこと」を一つずつ実行に移してみましょう。**

それでも、成果が出ないなら、その方法を全否定するのではなく、少しずつ方法を微修正するのです。

❷ 営業力強化

まずは、目次をざっと眺め、「強化したいポイント」「克服したい箇所」から読むこと。

もちろん、読むだけでなく、必ず、これまでの自分と異なるやり方や方法は実行に移して、感触を確かめてください。さらには、その**前後のプロセスを読んで、実行。感触を確かめ、感触が良ければ自分の方法のバリエーションに加えていくように。**最終的には全体を通読し、自身の営業に該当しそうな方法は全て試してみるようにしましょう。

❸ 自社の「営業の型」作成のためのベンチマーキングとして

この場合は、最初から通読するのがいいでしょう。その際、**自社の営業の勘どころは何なのか、どこなのか、を意識し、「この本には、こう書いてあるけど、自社の場合はこうだな」と違いを明確にしながら読み進めてもらう**のがいいと思います。

❹ 営業とはどういうものかと知りたい場合

こうした用途のケースでは、**最初に全ての章の「STEP1」を最後まで読んでしまってください。そこで全体の輪郭をつかんで、次に第４章の「STEP2」を。その後は目次を見て、気になった章や項目から自由に読み進めてください。**もちろん通読すれば、営業とはどういうことなのか、そして営業とは「何を考え」「何をすることなのか」が明確になり、実行すれば、最小の努力で、最大の成果が出るようになります。

一口に「営業」といっても、営業パーソンが置かれている状況により、何を強化すると成果が上がるかは全く違います。そもそも、**あなたが所属している会社の状況によって重要なポイントが異なる**からです。

下手をすると、顧客への営業ではなく、社内営業を強化したほうが成果に直結する製造業も少なくありません。

そういう意味で、**まずはあなたの会社の営業特性を把握しておく**必要があります。

代表的なのは次の3例です。

❶ 製品・サービス主導型

この型を象徴する表現が「**製品力のある企業の営業力は（相対的に）弱い**」というものです。これは「選択と集中」の戦略の帰結ともいえる結果で、要は製品力のある魅力的な製品やサービスは、その魅力を顧客自身がよく知っているので、正直、営業がどんなに弱くても売れるのです。

営業を強化しなくても売れるなら、営業は進化するはずがありません。

ですから、こうした企業の営業は製品力を構成する要素、つまりは機能特性や品質、ラインナップを前面に押し出す営業をすれば売れてしまうのです。

そのために「**受け身の営業**」といわれたりもします。

❷ 技術・クリエイティブ主導型

この型は大手製造業やＩＴ企業、一部の大手広告代理店などで顕著で、一言で表現すると「**技術やクリエイティブ部門が会社の花形で、社内的に営業部門の力が弱い**」会社です。

主役は技術や設計部門、クリエイティブ部門なので、**営業部門は技術と顧客の間を取り持つ連絡係という位置付け**なため、本来の顧客への営業より、技術部門を本気にさせたり納期を守らせるといった「社内営業」がむしろ大変というのが特徴です。

ちなみに某大手広告代理店の営業部門の呼称はかつて「連絡局」でした。それが「営業局」になり、近年「ビジネスプロデュース局」となりましたが、「連絡局」という呼称が象徴的だったとその会社の元幹部に教えられました。

❸ 営業主導型

逆に、**製品力や技術で差別化できないから、営業で差別化して成長した**という企業も散見されます。野村證券やリクルートが顕著な例といえるでしょう。

〈 自社の営業特性を知る 〉

1 製品・サービス主導型

製品力・サービス・技術力が最大の強み。自社製品の魅力を全面に押し出して販売する

2 技術・クリエイティブ主導型

花形は技術や設計部門、クリエイティブ部門。営業部門は顧客との間を取り持つ役割

3 営業主導型

製品力・サービス・技術力での差別化が難しい。社内で営業は花形部門

かつては旧大和銀行の証券部だった野村證券は、営業力により差別化で成長し、業界トップ企業となりました。リクルートも営業力による差別化で成長した企業ですが、**花形部門が営業で営業部門の力が強い**という特徴があります。

4 あなたの営業スタイルを知る

この四半世紀、「これまでの御用聞き営業ではダメだから、提案営業への転換を目指す」という話を散々聞いてきました。しかし、その転換に成功した企業というのは全く耳にしたことがなく、その流れで最も成功したのは、「御用聞き営業から賢い御用聞き営業」だったりするのです。実はこの「賢い」の中味が、私には「提案営業」の本質だったように思えました。要は営業パーソンに「御用聞き営業じゃダメだから、提案営業をやれ」といっても、当の営業パーソンは「何をやるのか」「これまでと何を変えればいいのか」が全く分からないのです。

一方、「賢い御用聞き営業」はこれまでやってきた「御用聞き営業」の延長ですから、これまでを否定するのではなく、これまでの延長にプラスして「お客様のお困りごとや課題を3つ聞いてこよう」だけの指示で、顧客の情報を集め、その最大公約数に応える施策を展開し、業績を伸ばしました。何がいいたいかというと**「御用聞き営業＝時代遅れ」「提案営業、ソリューション営業＝正しい姿」というステレオタイプな発想をしていては、成果は出ない**ということです。そもそも営業スタイルには、「御用聞き営業」「提案営業」「ソリューション営業」の他にも様々なものがあります。

売れる営業になるためには、それらの複数を目的に応じて、使い分けられるようになることです。なぜなら、どのスタイルが望ましいかは、顧客やその窓口によって異なるからです。決めるのは顧客の側なので、そこに合わせられるのが「賢い」営業ということです。

では、実際、営業にはどんなスタイルがあるのでしょうか。ここで整理しておきましょう。

❶ 説明系

商談の8割前後を営業の側が話している営業。製品を分かりやすく説明しようとしたり、顧客の興味関心を引き出そうとして、いろいろ話すうちについつい自分ばかりが話す営業になってしまいます。1年目、2年目だけでなく営業パーソンの中で最も多いタイプになります。しかしながら、顧客がその製品やサービスについて知りたいという場合には、成果も出ます。

❷聞き上手系（寄り添う系）

商談の半分以上を顧客の側が話している営業。厳密には営業が相手が話しやすい質問をしたり、現状の課題を相談したくなるような情報提供の前振りをしたり、導入事例などを共有し、営業を展開しています。

❸連絡係系

顧客のニーズや期待を正確に、額面通りに自社の技術部門やクリエイティブ部門といった関連部門に伝え、両者の意向を調整しながら、うまく案件をハンドリングしていく営業。フットワークの良さ、先を読む力、周りを動かすことが求められます。

❹御用聞き系

既存の取引先に営業するアカウント営業に多いスタイルで「何かありませんか？」という注文取りが源流。ここのところ「御用聞き営業」が否定される向きがありますが、新規開拓営業出身者からすると、訪問することを許されている顧客があること自体、身内として扱われること自体が羨望に値します。その「強み」に気づいた上での営業の進化が望まれます。

⑤ 提案系（コンサル系）

そもそも、広告代理店、プランニング会社、制作会社、コンサルティング会社といった業種のコア商材自体が「提案」なので、当然、営業もそうしたスタイルになります。

また、それ以外の業種でも**顧客のお困りごとや課題の問題解決策を提案する場合は提案系の営業スタイル**となっています。その一方で、「提案営業」といいながら、顧客にとっては自社の問題解決にはつながらない、単なる「製品の提案」を一方的に「提案営業」と呼んでいる「なんちゃって提案営業」も多いので、ここは区別しておきたいところです。

⑥ 共創系

これは、前の「提案系」が一段階進化した形ですが、特にＩＴ業界を中心に広まっています。その背景にあるのは、**全ての製品、サービスが行きわたった中での、ＤＸ（デジタルトランスフォーメーション）、ＡＩ（人工知能）といった新しい概念の登場です。技術の進歩が速く、企業としても何を提案して欲しいかが分からなくなり、ならば一緒にビジネスやサービスを創り出しましょうということで始まった流れ**になります。ここで求められるのは斬新な発想、「切り口」を生み出す想像力といったコンセプチャル系スキルになります。逆にいえば、そうしたアイデアで勝負したい営業パーソンには、〝打ってつけ〟といえるでしょう。

❼ 技術知識系

ＩＴ業界や製造業には、技術者出身の営業パーソンが少なくありませんが、顧客からすると技術知識に富む営業は心強いですし、**図面が書けたり、簡単な設計変更を営業が対応できたりすると顧客からも社内でも重宝がられる存在**となり得ます。

これからも、どんどん増えていって欲しいと思います。

❽ 受動系（受け身系）

顧客からの見積依頼、提案依頼（RFP：Request for Proposal）からスタートする営業。メーカー、ゼネコン、サブコン、設備系、ＩＴ業界などに多く、営業の仕事がその見積対応という企業さえあります。

❾ 能動系

受動系の真逆で、**自ら仕掛けて、見込み客をターゲティングし、アプローチし、案件化さ**

〈 あなたの営業スタイルは？ 〉

1	説明系	製品の説明が中心。自分ばかり喋りがち。営業の中で最も多いタイプ
2	聞き上手系（寄り添う系）	顧客の話を聞くのが中心。質問することが多い。相談相手的な立ち位置
3	連絡係系	顧客と自社の別部門とをつなぐハンドリングが中心。フットワークが軽い
4	御用聞き系	顧客の注文をとるのが中心。顧客の身内に近い
5	提案系（コンサル系）	顧客のお困りごとを聞き、問題解決案を提案するのが中心。製品を提案するだけではない
6	共創系	顧客と共に創り出すスタイル。IT業界に多い。企画・アイディア出しをする
7	技術知識系	技術者出身など専門スキルを持つのが強み。顧客にとってありがたい存在
8	受動系（受け身系）	見積依頼・提案依頼からスタート。メーカー、ゼネコン、サブコン、設備系、IT業界などに多いスタイル
9	能動系	自ら仕掛けてターゲティング・アプローチをする。新規開拓営業のメインスタイル
10	キャラ系	キャラクターが際立つ。顧客に愛される唯一無二の営業スタイルを持つ

せて、刈り取る能動系の営業になります。昭和、平成初期の日本の成長期に全盛を誇りましたが、現在でも新規開拓営業ではこのスタイルが主流となっています。

⑩キャラ系（なぜか顧客に愛される）

技術知識に優れるとか、モチベーションや意識が高いということはないのに、**なぜか顧客に愛される、好かれる営業パーソン**が存在しています。人間的に「おもしろい」場合が多いのですが、お客様から「ちゃん付け」で呼ばれたり、あだ名で呼ばれたりするこのキャラ系は強力な武器で、競合企業からすると非常にイヤな存在となります。

以上、10種類のスタイルを紹介しましたが、**あなたの営業はどのスタイルになりますか？自分がどのスタイルなのかをまずは知っておくことがスタートですが、あなたの営業力をアップさせるには、複数のスタイルを使い分けられるようになることです。**そのためには他にどんなスタイルがあるのかを知る必要があるので、紹介しておきました。

あなたが担当する業界、企業にふさわしい他のスタイルをチョイスして、その営業もある程度は操れるようになりましょう。

もちろん、「⑦技術知識系」「⑩キャラ系」は自分ではコントロールできないので、除外して構いません。

5 得意なところ、不得意なところを知る

本書の効果的な使い方として、営業の一連の流れや活動の中で、ぜひ、**あなたの得意なところと不得意なところをさらに明確にして欲しいと思います。**あえて、「さらに」としたのは、営業経験が1年以上あれば、あなたはザックリとは得手、不得手を認識しているに違いありません。あるいは、上司や先輩から、はたまたトラブルや顧客からのクレームにより、それらを思い知らされたかもしれません。

本書では、「ザックリ」から一歩進めて、**得意なところは、なぜ得意だったのか、逆に不得意だったところは、なぜ不得意だったのか。どういう「方法」を選択すれば、不得意と思っていたことが首尾よく前に進むのか**に気づいて、その「方法」を一つずつ実践していくことにより、成果の上がる営業を身につけて欲しいのです。

6 長所を伸ばすか、苦手を切り捨てるか

基本的に、私たち営業パーソンは日々の営業活動で「長所」を武器に戦っているはずです。同時にほどんどの営業パーソンが「短所」や「苦手」も抱えているものです。この辺り、本書を通してぜひ、2つのことを行って欲しいと思います。

まずは、「長所」について。**なぜあなたの「長所」が営業活動で成果を上げるのに役立ってきたのかを本書を通じて掘り下げて欲しいのです。**具体的には、どうやってその「売れる方法」を知り、実行できたかをしっかりと分析してください。

次は、**あなたがこの本を手に取る前までは「弱点」や「短所」だと思ってきたことでも、どういう営業施策や方法で代替すれば、案件化率や受注率を著しく高めることができるのかを、この本に書かれていることをヒントに手繰り寄せてください。**正直、「短所」であろうが、「苦手」であろうが、営業の場合は実績さえ上げられれば何ら問題にはならないので、**最重要なのは「方法」なのです。**

7 余裕があれば、やって欲しい営業スキルのカスタマイズ

リクルートのトップセールスや各社のトップセールスたちの各営業プロセスごとの方法や技を徹底的に学び、それをアメリカのＭＢＡ留学中、豪華な教授陣の指導により体系化し、帰国後に出版したのが**『リクルート流　最強の営業力のすべて』**（ＰＨＰ研究所）でした。

売れる営業を初めて体系化した本として、異例のヒットとなりましたが、ある営業セミナーで、某総合商社でロシアを担当する営業パーソンから「大塚先生の本、読ませて頂きましたけど、自分の仕事のどこに活かせばいいか分からなくて…」という質問を受けたのです。

実は**『リクルート流』という本は、そのタイトル通り、リクルートでの売れる営業をベースに営業を7つのカテゴリーに分け、それぞれの方法を「62の技術・要素」として体系化したもの**でした。

ですから、リクルートの営業に類似した、総合人材サービス、広告代理店、ＩＴ業界、新規開拓営業、提案営業には「ドンピシャ！」で効果が出るのですが、インフラ営業やメーカーでのアカウント営業では万能とはいえないものだったのです。その領域を補完することが、その後十数年の私の主要テーマでした。

営業コンサルや営業研修のクライアントはＩＴ業界が多かったのですが、幸運にも次第にメーカーが多くなり、ついにはグローバル営業も含め、原発、火力発電所、タービン、上下水道システム、鉄道、エレベーター、空調、照明、ビル設備といった重電メーカーのインフラ系の仕事も多くなりました。

そうした日本の主力産業での営業コンサル、営業研修での経験を加味して、**全ての営業に対応できるような営業方法を「13カテゴリー、144スキル（方法）」に体系化（45ページ参照）**したのです。70〜73ページに示したように、個人向け（BtoC）営業の特性を決定づけるのは8要素、法人向け（BtoB）営業の特性を決定づける要素は10要素あります。法人向けのみに絞っても、全てのプロセスに基づいた営業パターンを網羅すれば、その総計は全7776通りと膨大な数になります。

それらの一部は、件（くだん）の「**営業サプリ　営業の教科書**」に連載してきました。158万人に読まれ、その記事の多くがGoogle検索で1位になっていることからも、その内容は日本中の営業パーソンからの支持を集めているといえるでしょう。

本書では、それをさらに一歩進めて、「すぐ」に効果が出るような仕掛けを満載し、営業の学習参考書化を図りました。もちろん、ここで紹介することが全てあなたの営業に当てはまるとは限りません。そうした場合に、本書でこういう方法が書かれているけれど、「うちの業界とは違う」とか「うちの会社には当てはまらない」と全否定するのではなく、**「うちの業界ではここをこう変えたほうがいい」「うちの会社ではこう微修正するといい」とカスタマイズして欲しい**のです。

「営業の体系化」にチャレンジした人、全てが、それをゼロから構築する難しさを痛感してきたはずです。**見本、手本、ベンチマーキングできるモノを渇望したのではないでしょうか。**

本書は他に類をみないその1冊になるように企画されているので、ぜひともみなさんで原型を留めないほどにカスタマイズして、業績の急拡大に活かしてください。

INTRODUCTION

そもそもあなたの営業はどんな営業か
～営業の種類～

一口に「営業」といっても、実はいくつかの種類がありますし、**企業によって、部門によって、担当によってもその中味は異なる**ものです。例えば、企業や団体を対象にする法人営業（B to B）と住宅や生命保険を個人に営業する個人営業（B to C）では、営業プロセスも受注のためのキーファクターも異なります。また、近年ではインサイドセールスとフィールドセールスで役割分担して成果を上げる企業も出てきています。これらについては後述します。

ここでは、出発点として、あなたの営業がどういう営業なのかをハッキリさせるために**代表的な営業のバリエーション**を共有しておきましょう。

1 法人営業（B to B）と個人営業（B to C）

文字通り法人営業は法人や官公庁、団体への営業であり、個人への営業は個人や家族への営業となります。同じ営業であっても、法人相手、個人相手では、商談の金額規模、受注までの接触頻度や期間が大きく異なります。

法人営業とクルマ、住宅、生命保険、金融商品、リフォームなどの個人への営業との決定的な違いは、**法人営業はプロがプロに営業するのに対し、個人への営業はプロが素人にする営業という点**です。前者の場合、相手のほうが営業よりも技術も知識も上の場合も少なくありませんが、後者の場合は、ほとんどが素人相手です。

ですから、素人相手にどこまで分かりやすく魅力やメリットを伝えられるかがポイントになりますし、第一印象や誠意、マナーといったことが法人営業以上に重要になってきます。

2 ルートセールスと新規開拓営業

ルートセールスというのは決まった取引先を対象にした営業活動で、長年の付き合いのある顧客に対し定期訪問し、新製品をＰＲしたり、情報共有をしたりする営業です。

一方の新規開拓営業はその名の通り、新しい得意先を求めて新規に顧客を開拓する営業のことです。当然のことながら難易度としては、新規開拓営業のほうが5～10倍難しいといわれてきましたが、既存の取引先との売上というのは逓減するものなので、**その逓減分を補って余りある売上を確保するには新規開拓が不可欠になります。**しかし、経済が右肩上がりに推移している場合は新規開拓は成果を出しやすいのですが、今日の低成長時代での**新規開拓営業は営業パーソンを疲弊させやすい**ので、各社とも様々な新しい施策を展開中です。

一方、ルートセールが楽かというとそうでもなくて、得意先を引き継いでも、過去のトラブルやしがらみの一切を引きずることになりますし、そういう意味での窮屈さはあります。特に好奇心旺盛な人にとっては、価格交渉だけがメインになると飽きやすいというリスクがあるので、自分自身で面白くしようとする工夫が必要になります。

3 アカウント営業、プロダクト営業、ソリューション営業、エリア営業（地方）

アカウント営業というのは、広告代理店やＩＴ企業で用いられるようになった表現です。

特定の大口顧客に張りつき、プロジェクト全体の窓口となる営業ですが、**その顧客の課題やお困りごとを解決するための提案やソリューションを展開していくことを目的**としています。プロダクト営業とソリューション営業は特定の製品（プロダクト）やソリューションを担当し、その商談を発掘し、拡販を展開する営業として用いられます。

一方、アカウント営業、プロダクト営業、ソリューション営業といったように営業を細分化するほど顧客数がない地方では、それらの機能を一つにしてしまってエリア営業として展開するケースも少なくありません。

4 ラージアカウント営業とエリア営業

ラージアカウント営業とは特定の大口顧客だけを担当する営業で、エリア営業は大口を除いた企業をエリアで担当する営業になります。このように取引規模の大きさで重点顧客を分類する場合は、大口、中口、小口、休眠顧客、新規顧客という「切り口」で分類することが多くなります。

5 物件営業とエリア営業

「物件営業」とネット検索すると不動産物件の営業の記事ばかりが紹介されてしまうのですが、ここでいう「物件営業」とはビルや工場、医療施設、ホール、集合住宅などの「物件」の新設や改修に対しての建設や施工、設備導入の営業を指しています。こうした営業では、**「物件単位」で営業を管理することが多いことから「物件営業」**としました。こちらも④のラージアカウント営業とエリア営業と同様に、「物件営業」はある一定規模以上として、**小規模の物件はエリアでまとめて対応することが多い**ので、「物件営業とエリア営業」という区別にしました。新設物件の場合は、とにかく入札が官報や専門誌に掲載された段階ではすでに遅く、いかにお施主様や設計事務所といった川上から先行情報を入手するかが勝つ営業のカギとなります。

6 インサイドセールスとフィールドセールス

最も新しい営業の概念で、**そのまま訳せばインサイドセールスが内勤営業で、フィールドセールスが外勤営業ということになりますが、重要なのは、その中味と連携です。**

インターネットやITツールの進化に伴い、ホームページからの情報発信により、安価にリード（見込み客）が集められるようになりました。**そのリードに対しメールや電話でアプローチし、興味・関心の度合いの確認と、それを高めるのがインサイドセールスの役割・責任になります。**

その上で、その相手がさらに詳しい話を聞きたいとなれば、そこで登場するのがフィールド営業の登場ということになります。もちろん、商材の価格が数十万程度であれば、インサイドセールスでクロージングまで行う業界もありますが、**基本的には実際の初回訪問からはフィールドセールスに引き継ぐのが一般的です。**

フィールドセールスというのは、ごく一般的な従来からの営業ですが、野球が先発完投型から先発、中継ぎ、左のワンポイント、セットアッパー、クローザーと役割分担が進んだように、**営業の役割分担化としてインサイドセールスの導入と充実が進行**しています。

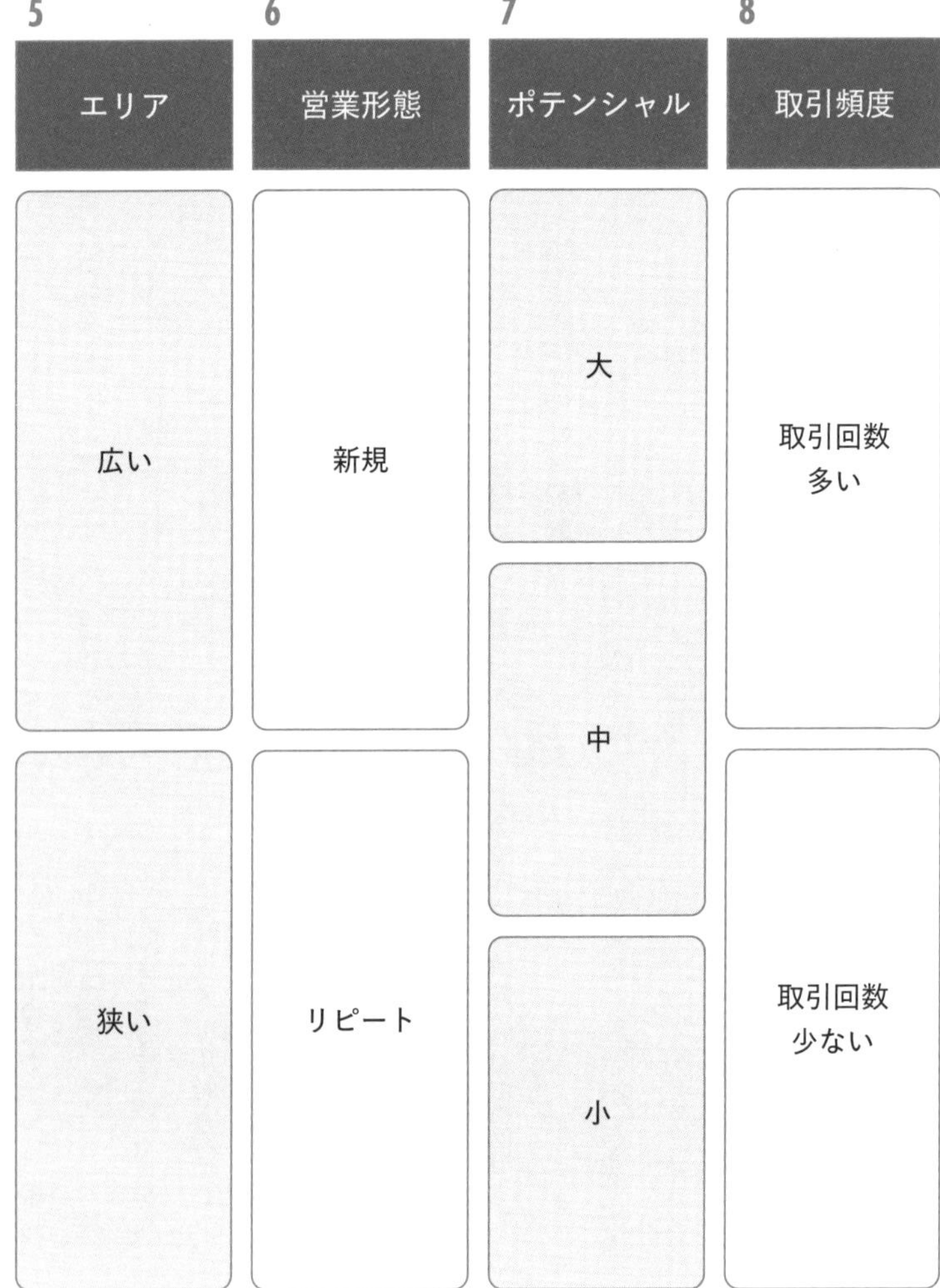
5
エリア
広い
狭い
6
営業形態
新規
リピート
7
ポテンシャル
大
中
小
8
取引頻度
取引回数
多い
取引回数
少ない

〈 個人向け(BtoC)の営業特性を決定づける8要素 〉

6 営業形態	7 担当 顧客数	8 取引額 （年）	9 ポテン シャル	10 取引頻度
既存	1社〜数社	多い 上位 20%	大	取引回数 多い
	数十社	中位 40%	中	
新規	百社以上	少ない 下位 40%	小	取引回数 少ない

〈 法人向け（BtoB）の営業特性を決定づける10要素 〉

第2章

たった「これ」だけのアプローチ準備で「すぐ」売れる営業に変わる！

STEP 1

つまずきやすい場面への一問一答

~営業パーソンの生の声へのアドバイス~

1 商品知識が少なく、うまく説明できない

短答

王道は先輩社員3名程度の営業場面に同行させてもらい、商品説明の場面を極力全部メモして、完コピすること。もちろんオンライン同行でも構いません。

商品のアピールポイントや説明のポイントは決まっているので、実際に誰かが営業している場面に数多く触れれば、自分でも再現できるようになります。

もちろん、並行して勉強会などで商品知識は身につけたほうがいいに決まっていますが、先輩社員の生の営業から学ぶほうが早いです。

同行営業の機会を作ることが難しいなら、先輩社員が営業役、あなたか他の誰かが顧客役

を務め、商品説明の場面のロープレをやってもらい、それをスマホやタブレットで録画。

完コピできるまで繰り返し練習するのです。

その際、売れている先輩の3人以上のロープレ見本が欲しいところです。

技術的な知識が足りない

短答

営業である以上、どこまでいっても技術的な知識が不足しているのは宿命といっていいでしょう。

かといって、1つの商談で「勉強不足でスミマセン、技術（の部門）に確認して、すぐに回答させて頂きます」を3回以上繰り返すと、相手には「技術の分かる人間を連れて来いよ」という印象を与えてしまうかもしれません。

ここで重要なのは、**相手はあなたの商品に興味があるからこそ、技術的な質問をしてくるのであって、ここは絶対に前向きにとらえてください。**

「では、次回、技術の人間を同行させますので…」と次回の時間取りに入ってもいいですし、

「持ち帰りまして、技術に確認の上、回答させて頂きます」でも構いません。

ただ、後者で**重要なのは回答スピード**。その場で、電話して技術に確認して回答してもいいですし、**即答できない内容についても、できるだけ早く回答するようにしましょう**。この場合のキモはスピードです。

技術が立て込んでいて、回答が遅れる場合も、途中で経過報告することも忘れずに。

3 事例などを把握できていない

これは、お客様には失礼です。自分で事例を調べ、語れるようにするのが最低限の営業パーソンとしてのマナーです。

そこで売れる営業になるための事例の把握の仕方ですが、とにかく実際に担当した営業や技術者に生の話を聞くこと。これは直でも、電話でも、オンラインでも構いません。**実際に担当した人に話を聞くと、感情移入するので、再現性が著しく高まるのです**。自分があたかも担当したかのように話せるようになります。

10事例があるなら10人、20事例があるなら、20人に話を聞けば、リアルに魅力的に事例を語れるようになります。

事例を説明ではなく、見てきたかのように「描写」できるようになった時、あなたの営業力は著しく高まるでしょう。

STEP 2

「売れる営業力」養成講座 アプローチ準備編

1 顧客の業界の動向を押さえる

あなたが担当する企業、あるいは営業を仕掛けようとしている個別企業の「お困りごと」やニーズが推測しやすくなるように、さらには「木を見て森を見ず」の思考となって発想を狭めないためにも、**企業を分析する前に、その企業が属する業界全体の動向を把握しておきましょう。**

業界というのは、「IT」「自動車・自動車部品」「重電・産業用電気機器」「生保・損保」「銀行」「証券」「官公庁」といった産業やサービスの分類です。**証券取引所の33分類では大雑把過ぎるので、就活の媒体で用いられる70数種類の分類のほうが営業では使いやすいです。**

業界動向の押さえ方は次の3段階ですが、時間的には1時間を超えないようにしたいものです。逆をいうと、1時間以内に把握できるザックリしたことからのスタートで構わないということになります。

❶ アウトラインをつかむ

アウトラインのつかみ方として、**「どんな顧客に」「どんな商品を」「どんな業務フローで」**という切り口で概略をつかむようにしましょう。

情報源は昔も今も、就活用の媒体やサイトが用いられますが、先輩や上司に聞くのが最も手っ取り早い方法になります。

❷ 環境変化が業界に与える影響を推測する（PEST分析）

アウトラインをつかんだら、次に**環境変化によってフォローの風を受けているのか、アゲインストの風を受けているのか**といった直近の動き、「業況」の確認です。

好況、不況で予算が取れるか否が、予算額が極端に違うので、環境変化の影響はしっかり分析しておきたいところです。

その際、定番となるのが「PEST分析」で**Politics（政治）、Economy（経済）、Society（社会）、Technology（技術）、の4つの「切り口」で環境変化を分析する**方法です。

Politics（政治）といっても、もう少しブレイクダウンして、新型インフルエンザ等対策特別措置法といった法令、「2030年ガソリン車禁止」「働き方改革、テレワークの推進」といった方針によってどのような影響を受けるかを推測するのです。

Society（社会）は、温暖化、総人口の減少、少子高齢化、テレワークの浸透による東京からの転出増加などがテーマになりますが、地理的変数、人口動態変数、心理変数、行動変数と小分けして分析するのがコツです。

Technology（技術）は、今DX（デジタルトランスフォーメーション）、AI、IoTなどがホットで、それらによって業界がどう変わっていくのかが注視されています。

❸業界共通の課題を押さえる

例えば「運送業界」であれば、トラックのドライバー不足は業界特有の深刻な課題です。特に大型トラックのドライバーは、荷物の積み下ろしまでがドライバーの業務範囲になるので、女性から敬遠されますし、大型免許の改正によって若年層の取得が激減してしまい、定年になっても退職させられない企業も出てきています。業界の課題とはこうした内容です。

また、新規開拓の営業の場合は、年々アポイントの獲得は難しくなっていますし、このコロナ禍にあっては、課題や問題の解決の可能性を感じない限り、面談の機会を得ることはで

〈 顧客の業界の動向を押さえる 〉

① アウトラインをつかむ

「どんな顧客に」
「どんな商品を」
「どんな業務フローで」

情報源：就活用の媒体、専門サイト、先輩や上司

② 環境変化が業界に与える影響を推測する

PEST分析

Politics（政治） → 業界環境 ? ← Economy（経済）
Society（社会） → ← Tchnology（技術）

情報源：新聞、テレビ報道、ニュースサイト

③ 業界共通の課題を押さえる

業界の今を分析
課題を推測する

情報源：新聞、テレビ報道、ニュースサイト、ネット検索
専門誌、講習会、業界関係者の生の声

きないので、まずは、**課題を推測するためには、こうした業界共通の課題を推測するところからスタートする**のが必須なのです。

これらは業界共通の課題ですから、新聞やテレビ報道、専門誌やネット検索でも簡単に入手することができますが、**社内のその業界を担当していた人などから生の情報を仕入れておく**と、顧客からは「業界に詳しい人」という印象を与えられるかもしれません。

2 営業に役立つ顧客分析とはいったい何を分析するのか？

「顧客分析が重要なのは分かるが、何をどう分析したらいいのか分からない」というのは、現場の営業パーソンの生の声としてよく聞く話です。

あるいは、我流の「営業分析」が肝心の商談や受注につながらないケースは、それ以上といえるでしょう。

❶ 10分で終えたい

先に紹介したアカウント営業で、1社とか2社しか担当しないケースでは、顧客分析にはじっくり時間をかけ、しっかとアカウントプランを練り上げて欲しいと思います。

しかし、新規開拓営業であったり、多くの会社を営業対象にしている場合は、営業分析に費やす時間は極力短時間で切り上げて欲しいと思います。理由は営業効率を落とすからです。**目安としては、「10分で終える顧客分析」という制約をつけてしまうのが営業生産性を最大にするコツです。**そのため、マーケティングの大家、フィリップ・コトラーが紹介した「6O（シックス・オー）」というフレームワークを用いて、機械的に分析してしまう方法がお勧めです。

❷ 6O（シックスオー）

6Oの「切り口」は最初は、（1）誰が市場を構成しているか、（2）何を買うか、（3）いつ買うか、（4）誰が購買に関わっているか、（5）なぜ買うか、（6）どのようにして買うか、という6つでした。

それぞれの英語の頭文字が「O」から始まるので「6O」と呼ばれる概念になりましたが、その後、（7）どのチャネルで買うか（商流……Outlets）、が追加されたので厳密には7つの「切り口」で分析することになります。

(1) 誰が市場を構成しているか

分析しようとしている顧客の顧客、つまり「エンドユーザーは誰なのか？」ということです。エンドユーザーの購入の変化などによってそこから課題や問題が生じていないかを推測し、営業の突破口にしてもらうために、ここからスタートします。

(2) 何を買うか

分析したいのは、その顧客の顧客が「何を買うか」を決める意思決定の基準です。機能特性、仕様、性能、品質、価格、付き合いの長さなど5項目程度を選び出して、優先順位を浮き彫りにするために１００点満点を按分する方法をお勧めします。

(3) いつ買うか

ほとんどの製品には耐用年数やリース期間などに応じて、買い替えのタイミングや新規購入のキッカケというものが存在しています。年度末に集中するものもあれば、夏や冬を避け春と秋に集中してしまう改修工事もあります。これらを知っておくだけで、顧客の業務特性が分かるだけでなく、相手からは「業界に詳しい人」という印象が与えられます。

〈 顧客分析に役立つ6O（シックスオー）＋（プラス）〉

1	Occupant（占有者）	誰が市場を構成しているか
2	Object（モノ・対象）	何を買うか
3	Occasion（機会）	いつ買うか
4	Organization（組織）	誰が購買に関わっているか
5	Objectives（目的）	なぜ買うか
6	Operation（操作）	どのようにして買うか
＋	Outlets（商流）	どのチャネルで買うか

(4)─誰が購買に関わっているか

これは業界に応じてだいたいパターン化できるのですが、だいたいユーザー部門、比較検討する部門、購買する部門という3部署からの想定でいいでしょう。案件規模が大きくなるにつれ、それぞれの部門での担当者、課長クラス、部長クラス、役員クラスといった登場人物が増えてくるのが特徴です。役職の一番高い人がキーパーソンとも限らないので、まずはステイクホルダーと呼ばれる購買に関わってくる人を仮説ベースや前例ベースで想定しておくようにしましょう。

(5)─なぜ買うか

これは、顧客ニーズといってもいいのですが、「購買動機」や「購買背景」ととらえると、さらにいいでしょう。要は「既存業者の対応が遅いから」「コストダウンしたいから」「セキュリティーを強化したいから」ということです。この購買動機のバリエーションが多く思いつけば思いつくほど見込み客の数が増えるので、特に新製品や新サービスの営業を開始する時、新規顧客を開拓する時に重要な「切り口」になります。

(6)—どのようにして買うか

これも、業界によってパターン化されていますが、入札や相見積、あるいは10社程度に声をかけ、提案と概算見積から5社に絞ってコンペにするといったパターンやあえて数社から購入するといった複数購買を慣習にする業界もあります。中にはリプレースや増設工事などでは既設業者が圧倒的に有利になるケースもあるので、営業の事前準備、アプローチ準備の段階で購買パターンを想定しておきましょう。

(7)—どのチャネルで買うか(商流……Outlets)

売り手が買い手に直接販売という直販であれば、分かりやすいのですが、業界によっては営業は折り込みまでやって、製品自体は代理店経由で流れるという業界もあります。

メーカーの営業は物件ごとに設計事務所、ゼネコン、サブコンに自社製品の折り込み営業を行い、実際の物の流れは建材店、電材店、管材店（空調関連卸）といった卸を経由するという業界もあります。また直販に対し間販（間接販売）と呼ばれる建材店、電材店、管材店などの商社、代理店、業界によっては帳合（ちょうあい）と呼ばれる卸に対して営業するパターンも少なくありません（その先の工事店に一緒に営業する場合もあれば、その先については代理店に任せる場合もありますが、これは代理店政策によります）。

❸ 個人への営業の場合は顧客属性分析

個人に対する顧客分析という活動は、**見込み客の顧客属性の把握**ということになります。どういった属性を持つ人に営業すれば、最も案件化率、受注率が高くなるかというターゲティングにつながるので、業績を左右する重要事項になります。例えば、日本初のハイブリット車プリウスの顧客属性は3タイプに分類されるといわれていました。社会派といわれる環境に関する意識の高い人、通勤、通学のガソリンコストを下げたい人はいいとして、最後は「新しモノ好き」だったそうです。

クルマつながりでは同じくアルファード、ベルファイアなどの高級ＳＵＶ（スポーツ・ユーティリティ・ビークル）。実は顧客属性という意味では、地方の共働き教師に好まれます。実は共働き教師たちは可処分所得は多いのですが、ＰＴＡや地域の人の目もあって、なかなかメルセデスやBMWといった外車には乗りにくいのです。ところが、アルファードの価格はメルセデスのCクラスやBMWの3シリーズより高額だったりもするのですが、クルマに詳しくない人には気づかれないのだそうです。シートなんかはビジネスクラス並みのゴージャスさにもかかわらず、外からは気づかれません。

あるいは、かつて10万円のクリームを売り出した化粧品会社は富裕層をターゲットにしたため、某百貨店の外商とタイアップし、絵画展のイベントに参加しました。ところが、3000万円の絵画を買ったお客様に「10万円のクリームは高い」といわれ、まったく売れなかったそうです。10万円のクリームのターゲットの属性を「富裕層」としてしまったのが、誤りだったというわけです。

個人客の属性の把握の具体的な方法も、まずは先の「6O」の「切り口」を用いるのが手っ取り早いです。さらに、「誰が市場を構成しているか」の「誰が」の代表例の属性を細かく規定していくといいでしょう。

その際、よく用いられるのが、年齢、家族構成、職業、所得、社会的地位、価値観、教育レベル、ライフスタイル、過去の購買傾向、購買頻度などといった属性です。

3 受注確率の高い顧客から営業する（ターゲティング）

新製品や新サービスの営業を開始する場合、そして新規顧客の開拓をする場合、その成果は受注確率の最も高いターゲット顧客からアプローチするのが鉄則になります。

❶ 成果は「リスト」で決まる

したがって、どういう属性を持ったターゲットが受注しやすいかという仮説を立てた上で、アタックリストを選択したり、作成したりすることが必須となります。そういう意味では、**成果はすでに「リスト」の段階で決まってしまっています。**分かりやすい例をあげれば、成人式の振袖の営業は「17歳の女性」がゴールデンリストになりますので、そのリストの入手からスタートします。

また、ある印刷会社がデジタル化の進行により売上を落とした折、多角化の一環として販促用の卓上カレンダービジネスをスタートさせた例で説明しましょう。予算の関係からデザインは「動物」と「風景」の2種類のみ。前者のターゲットは全国の「動物病院」。全都道府県の動物病院のリストを作成し、都道府県別にサンプル顧客を選び出し、見本を送付、その中で歩留まりの高かった県の全ての動物病院から営業をスタートし軌道に乗せたそうです。

❷「待ってました」と買ってくれる見込み客（リード）が存在する

不思議なもので、世の中にはどんな商品やサービスでも**「こういう商品が欲しかった」と「待ってました」と買ってくれる見込み客（リード）が存在する**のです。ロジャースの市場浸透モデルに当てはめると、こうした層が2・5％は存在することになります。ですから営業としては、市場からこうした顧客が誰なのかをまずはあぶり出して、そこから営業をスタートさせたいです。この層をコア・ターゲットと呼ぶ企業もあります。

❸ベネフィット（顧客が得る恩恵）が共有できれば買ってくれる見込み客

「待ってました」とばかりに購入する層の次に受注確率が高いのは、**ベネフィットに魅力を感じれば買ってくれる見込み客です。ベネフィットというのはその製品やサービスを通して顧客が得る恩恵のことです。**ですから、2・5％の時とは異なり、そのベネフィットを的確に相手に伝えることが必須なので、よりコミュニケーションが重要になってきます。この層は13・5％程度存在すると考えられており、メイン・ターゲットと分類する企業もあります。

❹買ってくれるか、くれないかは50：50の層と、絶対に買ってくれない層

その次の層は「買ってくれるか、くれないかは50：50」で買ってくれる理由も、**買ってくれない理由も曖昧という顧客。しかも、その数は過半数を超えると考えられています。**ですから、この層へのアプローチは2・5％、13・5％の顧客へ展開してある程度の実績を積んだ後にするのが鉄則です。さらには**何がどうあっても「絶対に買ってくれない顧客」も少なからず存在する**ので、2・5％の顧客と同様、どういう顧客が「絶対に買ってくれない」のかを特定し、営業を回避することによって営業効率が高まることになります。

❺リード（見込み客）ゲットの方法

インターネットの浸透により、HPへの問い合わせや資料のダウンロードなどから自社製品に興味を持っている見込み客（リード）情報が手軽に入手できるようになりました。**デジタル・マーケティング**と呼ばれるようになった分野ですが、まさに玉石混交で、件の2・5％的に大きな商談に発展する顧客も混じっているので、**可能性に応じた対応プログラムを作成**しておきましょう。リードゲットという意味では、見本市やソリューションセミナー、オンラインセミナーの参加者も同様なので、広くリードを獲得する動きは継続し、市場に対し投網を投げ続けたいものです。

4 キーパーソンを把握する技

インターネット以前は、特に大手企業に対する新規開拓営業では、キーパーソンを把握する技を知っているか否かが大きなポイントとなっていました。『ダイヤモンド会社職員録』（ダイヤモンド社）という便利な媒体が書店で売られ、図書館でも簡単にコピーすることができたのです。何とこの職員録は大手、中堅企業の全部長（会社によっては課長まで）の氏名、出身校、自宅住所、趣味まで掲載されていたのです。いわゆる営業の強い会社はその情報を頼りに休日に自宅に押し掛けたり、偶然を装い待ち伏せなどしていたものです。

さすがに個人情報保護の広がりやコンプライアンスが強化されたことから2011年以降、紙媒体としての出版はされなくなりましたが、自宅住所などを除いた情報として「D-VISION NET」とサービス名を変更してデータサービスとして運営されるようになっています。

しかし、キーパーソンの把握についてはインターネットがゲームのルールを変えたくらいに誰でも簡単に把握できるようになりました。

❶ ネット利用のキーワード検索のコツ

まずは、対象となる企業のホームページから組織図を探します。組織図が掲載されていれば、あなたが営業しようとしている商材を担当しているであろう部門名をそこから特定します。組織図がない場合は同じ規模感の現在の得意先からの類推で構いません。その上で**ネットで「社名、部門名、部長」と検索すれば、検索ロボットが異動ニュースなどの情報を拾ってくる**ので、最新の部長名が把握できます。

あるいは、組織図がなくても、営業先が「人事部」「購買部」「工場長」「設計部」などと明確な部署ならそのまま、その名で検索する方法もありますし、情報検索するうち、該当する部門にたどり着く場合も少なくありません。また、その企業のニュースや採用に関するネット情報からその部門を知ることもできます。

❷ 中小企業の場合

中小企業で人事情報にヒットしない場合は、**300名以下の企業であれば社長にダイレクトにアプローチする**ことをお勧めします。ハードルが高いと思われる方もいるかもしれませんが、300名以下の企業であれば、部長クラスにアプローチするのと難易度が変わらないどころか、賢い社長は営業を通して最新情報を得ようとしているので、結構アポイントが取れるものなのです。

❸ 業界団体年鑑、業界誌、業界紙から

業界団体で会員リストを定期的に刊行している場合も多いですし、業界誌や業界紙の記事からキーパーソンを把握できることもしばしばです。

❹ キーパーソンを把握するための「問い合わせ電話」

それでもダメなら、直接に電話をかけて「○○の件なのですが、ご担当は○○部でよろしいでしょうか」とかまをかける質問をして、特定する方法もあります。ただし、これは相手も分からないケースもあって、たらい回しになってしまうこともありますが、**たらい回しされるうちに特定できる**ことのほうが多いでしょう。企業によっては、「物件ごとに担当が異なるので、物件名をいっていただけますか?」という返答もあり、具体的な話でないとアプローチできないケースも散見されます。

❺ 最悪「○○部長」

それでも、キーパーソンが判明しなければ、「人事部長お願いします」「情報システム部長」「工場長お願いします」と役職名で指名してしまうことです。あるいは「○○の責任者の方

お願いします」という言い方もあります。

5 顧客に役立つ情報をあらかじめ収集しておくことがキモ

あなたの営業先の相手はたくさんの営業パーソンに会っています。売れる営業になるためには、まずは相手に「会う価値のある人」と思わせなければ、案件は前に進みませんし、新規の場合は会ってさえもらえません。では、どうしたら「会ってみる価値のある人」と思ってもらえるのでしょうか。これは、**営業の「介在価値」**と呼ばれることなのですが、思うように営業力が上がらないと思っている場合は、ここが強化のポイントとなります。

介在価値は、顧客に役立つ情報をどれだけ持っているかで決まります。では、そのためにはどうすればいいのでしょうか。ここで、顧客に役立つ情報収集の3原則と具体的な役立つ情報例を紹介しておきますので、特に情報例のうち収集できるものから準備しておいて欲しいと思います。

場合によっては入手できなかったり、そもそも「ない」ものもあるかもしれませんが、ここが営業力の差を生む勘どころですので、日常的にアンテナを高くしてこれらの情報入手を心がけてください。

❶顧客に役立つ情報収集の3原則

1. 顧客に関心を持つこと
2. 有益な情報源を持つこと
3. 得意分野を持つこと

❷具体的な役立つ情報例

1. 「お困りごと」の解決策
2. 抱えている課題、問題の解決のヒントとなる情報
3. 同業他社の先進事例、事例
4. 法令への対応方法
5. 直近のトレンド
6. 最新事例
7. 業界のホットなニュース　他

6 営業トーク用の自社の強みをあぶり出す4つの視点

自社製品やサービスの魅力を相手に刺さる表現にしたいものですが、その王道は相手の課題や抱える問題に対し、自社商材が「いかに役に立つか」を訴求することです。

STEP1のつまずきやすい場面の最初に「商品知識が少なく、うまく説明できない」という事象がありましたが、実は商品知識があるからといって、うまく説明できるものでもありませんし、そもそも説明というコミュニケーションの様式では、相手の興味・関心に着火できるとは限りません。なので、**最初から自社商材が「いかに役立つか」を訴求する方法を展開したほうが案件化率も受注率も高くなるという事実を知っておいてください。**

その上で、どう自社商材を訴求するか？　そこにはセオリーがあるので、紹介しますと、マーケティングミックスの「4P」のフレームワークを用いる方法です。

❶ 4P

4Pというのは**Product（製品・サービス）、Price（価格）、Place（チャネルなど）、**

Promotion（販売促進など）の4つの頭文字から、そう呼ばれるマーケティングの代表的な概念です。

ターゲット市場に対してどういうマーケティング施策を実施するかを策定する計画場面でよく用いられますが、競合分析でも使われます。このフレームワークをちょっとだけ補強することによって、切れ味の良い営業トーク作成ツールになるので、ここでその技を紹介しておきましょう。

「Product」だけでは、何をどうしていいか分からないので、「どんな強みや特性」「その強みや特性によって顧客が得る恩恵」（ベネフィット）という切り口にして、営業トークに転換するのです。

機密保持契約から一般的な例が示せないので、次ページの図で架空の製品で解説することにしますが、この要領であなたの担当する製品やサービス、ソリューションで必ず試してください。

❷ 営業トーク作成の注意点

よく営業研修や営業コンサルで「自社商材にはこれといった差別化のポイントがない」「自社製品にはこれといった強みが見当たらない」という声をよく聞きます。ここであげた

〈 自社の強みをあぶり出す4つの視点 〉

商材	営業支援ツール『Sapuris123』について

① **Product**

➡ どんな強みや特性

・日報から案件の進捗の入力が1日5分で済む
・AIにより、案件ごとの「次の一手」が複数明示される
・スマホからの音声入力の精度が抜群
・既存の販売管理システムとの連携が容易

➡ その強みや特性によって顧客が得る恩恵（ベネフィット）

・営業管理職の能力に頼らない受注率の向上
・案件の受注、失注のプロセスのすべてをAIが学習、次の案件に活かせる
・営業パーソン、営業管理職のSFA入力時間の75%削減

② **Price**

➡ どのような価格戦略

・トップシェアのSFAの8掛け程度
・ライセンスによる月額課金

③ **Place**

➡ どのようなチャネル戦略・在庫戦略

・代理店販売＋ネット販売
・一部直販

④ **Promotion**

➡ どのような販促施策

・影響力のある企業との共同研究
・利用者のためのオンライン研修（多頻度）
・ソリューションセミナー（多頻度）
・ネットでの情報発信
・出版、ビジネス誌での情報発信

いずれかの強みを証明する事例

・大手は、営業のオピニオンリーダーであるN社、R社、I社の導入事例
・中小は業界別の導入事例、利用事例

例をご覧になって「こんな明確な強みがあったら苦労しない」と反射神経的に感じた人もいるでしょう。**実は、一見取るに足らないと思っていたところに、お客様は魅力を感じていることが少なくありません**。要は自社製品の凄さや魅力に気づいていない営業パーソンがあまりに多すぎます。そういう意味では「針小棒大」でおおげさにいうくらいでちょうど良いのです。

自社商材の強みに気づくヒントは既存の取引先にあります。先の6Oの「**なぜ買うのか**」を「**なぜ自社から買うのか**」にして、既存の取引先に聞いてみれば、これまで気づかなかった「強み」や「差別化のポイント」に気づくことができるでしょう。

買うか買わないかを決めるのは、お客様です。実際に買っているお客様の声を営業トークに活かさない手はありません。

7 顧客分析シート

さあ、この章「アプローチ準備」で解説してきた項目や内容を1枚のシートにまとめて、顧客分析を行い、営業シナリオ作成に展開してください。

ここで営業コンサルや営業研修で用いている**「I－18」というワークシート**を紹介しておきましょう。**紹介するフォーマットはあくまで「たたき台」ですので、業界ごと、企業ごとにさらに使いやすいように改善して使用してみてください**（113ページ参照）。

「I－18」という名称は18の情報「Information」からきています。最初に作成した時は私がMBA留学していた時に、利用していた「I－17」（Interstates）というフリーウェイ（高速道路）の名称にあやかって17の情報で構成していました。当時は盗用された時に備えてトラップを仕掛ける意味で、そんな名称にしました。その後、より汎用的に改編した結果、情報が18種類になってしまったので、「I－18」になってしまったというわけです。

用途としては、アカウント営業やラージアカウント、エリア営業での重点顧客についてアクションプラン（営業計画）、アカウントプランを立案する前の作成を推奨します。

あくまでアプローチ準備なので、判明していること、推測できる箇所から記載し、不明な箇所はそのままにしておいて、営業がスタートしたのち、商談やヒアリング、情報収集の中で埋めていくようにしてください。

PEST

このシートの作成は、外的環境変化のPEST分析からスタートします。

ここは「**①直近の外的環境変化による機会や脅威**」という切り口にするのがコツで、そうすると営業で使いやすくなります。念のため、これはターゲット顧客に関してで、自社のことではありませんので書き方に注意してください。

3C

②③④はマーケティングの「3C」という概念で、自社（Company）、顧客（Customer）競合（Competitor）の分析となります。よく「3C」だけだと、営業でどのように活かせばいいのかという声を聞きますので、左記の切り口に修正して用いましょう。

② 顧客の企業特性や風土

具体的には、保守的だとか、逆に新しモノ好き、ワンマン、アウトソースに積極的といったことになります。

③ 顧客の競合は？

明確な競合先を3社程度あげて欲しいと思います。

④競合とどのような戦いを演じているか？

ここは文字通り、③であげた競合との戦いの中味を簡単に記載してください。

顧客の興味・関心、お困りごと、課題

あえて類似した切り口を列挙しているのは、営業の突破口をできるだけ多くしたいからです。

⑤興味・関心

顧客が今何に興味・関心を持っているのかをできるだけ多く推測して、自社商材を訴求する余地を見出しましょう。

⑥お困りごと

興味・関心と比較して「お困りごと」はそれを解決しようとする意識も優先順位も高いので、営業を進めるにあたっての最重要ポイントとなります。

⑦企業としての顕在的課題、潜在的課題

課題については、すでに問題意識を持っている顕在化した課題と、いわれてみれば確かに

うちもそうした課題感があるという潜在的課題に分けて推測するのがコツです。

ベネフィット

ベネフィットは「顧客がその商材を通して手にする恩恵」と定義しましたが、前出の興味・関心、お困りごと、企業としての顕在的、潜在的課題に、「自社として役立てそうなこと」から出発するといいでしょう。そこを明確にすることにより、キレ味の良い、ターゲット顧客に刺さる営業トークが組み立てられるようになるのです。

⑧自社が役立てそうなこと

あえて「役立てそうなこと」として「役立てること」としないのは、後者に限定してしまうと「特にない」とその先に進めなくなってしまう可能性が出てくるからです。「役に立てそうなこと」のほうが可能性が広がるので、アプローチ準備の段階ではこちらのほうがベターです。

顧客とあなた

この切り口は、まさに顧客とあなたの関係性について視野を広げて欲しいという意図からです。

⑨ 顧客があなたに期待していることは何ですか？

アプローチ準備の段階では仮説ベースに過ぎませんが、いったん推測しておいて、実際の商談がスタートした時点で、徐々に正確な情報に高めていって欲しいと思います。この期待に対し、的を射た提案ができると受注確率がグッと高くなります。逆にこの期待からズレた提案になると、提案内容がどんなに優れていても、受注には至らないので、注意が必要です。

【顕在面】というのは公にされていたり、相手が話していることであるのに対し、【潜在面】は断片的な情報や他社の状況などから推測した内容です。

商材の強み（競争優位性）

ここが営業トークの核となる箇所です。

⑩ 強み（何が、どこに、どのくらい強いのか）

強みに関しては、営業の商談や企画書作りで活かすには「強み」や「競争優位性」といったマーケティングや戦略論の用語から「何が、どこに、どのくらい強いのか」にブレイクダウンしたほうが実践的になります。

⑪ 提案や営業の「切り口」

ここが営業のキモで、顧客の課題やお困りごと、期待に対し、自社商材の強みをどのような「切り口」で訴求するかという勘どころとなります。要は営業トークの柱です。新規開拓の場合はアポイントが取れるか否かはこの「切り口」で決まってしまいますし、既存顧客に対してもその商談が前に進むかどうかはここにかかっています。

⑫ よくあるネガティブ、無関心な対応

⑪に基づいた営業トークにもかかわらず、「忙しいから」とか「御社は高いから」とか営業にとってはネガティブだったり、はたまた「興味ありません」といった無関心な対応をされることもしばしばです。

先人たちが「営業は断られたところから始まる」という名言を残したのは、その後に受注に至るケースが少なくなかったからです。重要なのは、ネガティブな対応、無関心な対応をされた後の切り返しトークや切り返し策が準備できているか否かです。準備するためには、よくあるネガティブ、無関心な対応を集めることからスタートするためにこの項目があります。

登場人物 他

案件規模が大きくなれば、なるほどこの項目の充実によって受注率が左右されるようになります。キーパーソンをつかむのも重要ですが、案件規模が大きくなるとさらに詳細な情報が求められるようになります。

アプローチ準備の段階では不明なことも少なくありませんが、商談の進行に伴い不可欠な情報となることから、準備段階での意識付けということでこの段階での共有になります。

⑬ キーパーソンは誰か？

アプローチ準備の段階では不明な場合も少なくありませんが、前例なども勘案しいったん仮説ベースで設定し、商談がスタートした後に修正していくようにしましょう。

⑭ キーパーソンの意思決定の基準

キーパーソンが特定できたら、次にそのキーパーソンの意思決定の基準の把握に移りましょう。もちろん、意思決定の基準というのは一つのことではなく、機能特性、実績、対応のスピード、付き合いの長さ、価格といった複合的なことですが、その優先順位とウエイトを押さえていきたいのです。

⑮ 支援者は？

コンペや入札に際し、その商談で御社の味方となる支援者は特に特定し、情報交換しながら商談を進めていきたいのでその識別が重要になります。

⑯ 障害になりそうな人は？

逆にあなたのライバル企業を応援し、あなたの商談の進行の障害になる可能性のある人も特定し、対策を講じていくことになります。

⑰ 決裁ルートは？

ユーザー部門、比較検討部門、購買部門の担当者、課長クラス、部長クラス、役員クラスで登場人物は12名となりますが、案件規模や企業によって決裁ルートは異なりますので、ここは明確にしておきたいところです。

⑱ 登場人物は？

誰がその案件に関わってくるかという全体像をザックリつかんでおきたいので、この項目を設けています。徐々に細分化し、⑮⑯⑰に分解していきますが、まずは⑱で俯瞰的に押さえていくようにしましょう。

特定の重点顧客に対する営業施策を計画化し、そのPDCAサイクルを回すために作成するのが**「営業シナリオ作成シート」**（115ページ参照）になります。この例は重点顧客1社に対して記すタイプですので、重点顧客を5社担当するなら、5社分作成することになります。

また、巻末（372・373ページ）の「アクションプラン」も目的は同じですが、こちらは1枚のシートで数社のターゲット顧客に対応できますので、御社の営業特性を踏まえて、フィット感の高い方を選択してください。その上で、記載する項目も御社用にアレンジして使用するようにしましょう。

アカウント営業、ラージアカウント営業ではこちらをベースにして、一方プロダクト営業やエリア営業では巻末のシートをベースにするのがいいかもしれません。

さて、この「営業シナリオ作成シート」は、アプローチ準備やそれまでの商談で得た情報を**「顧客分析シート」に記載し、その内容をしっかり分析した上で営業施策に反映させるため**のシートです。これを「営業計画」「営業戦略」「販促計画」といった呼称を用いる企業もありますが、目的は同じです。

内容的には「顧客の興味、関心、お困りごと、課題」に大局的な顧客の戦略や中期経営計

■選択した顧客【　　　　　　　　　　　　　　　　　】※大手は部門ごとで可

■ベネフィット

⑧自社が役立てそうなこと

→顧客の興味・関心に応え、お困りごと、課題解決のために

→顧客が自社製品を通して得る恩恵

■商材の強み（競争優位性）

⑩強み（何が、どこに、どのくらい強いのか）

⑪提案や営業の「切り口」

⑫よくあるネガティブ、無関心な対応

■顧客とあなた

⑨顧客があなたに期待していることは何ですか？

→コスト以外に期待していることは？

【顕在面】

【潜在面】

■登場人物　他

⑬キーパーソンは誰か？

⑭キーパーソンの意思決定の基準

⑮支援者は？

⑯障害になりそうな人は？

⑰決裁ルートは？

⑱登場人物は？

→誰が案件に関わってくるか

〈 顧客分析シート（Ｉ－18）〉

■所属／名前

■ PEST

①直近の外的環境の変化による機会や脅威

→法令、景気、社会動向、技術革新によるところの

■ 3C

②顧客の企業特性や風土

→保守的、「新しいモノ好き」、ワンマンなど

③顧客の競合は？

④競合とどのような戦いを演じているか？

■顧客の興味・関心、お困りごと、課題

⑤直近の興味・関心

⑥お困りごと

⑦企業としての顕在的課題、潜在的課題

■選択した顧客【　　　　　　　　　　　　　　　　】※大手は部門ごとで可

■行動目標	■効果予測	■スケジュール	
定量目標	行動の効果による売上金額予測	上期	下期
(例) →新規案件情報を○件入手 →新規部署○件訪問			

で、解決しなければならない障害

	自社に関すること
	競合に関すること

〈 営業シナリオ作成シート 〉

■所属／名前

■顧客の興味・関心、お困りごと、課題	■拡販のターゲット	■行動計画（定性）
直近の興味・関心 お困りごと 企業としての顕在的課題、潜在的課題	拡販につながる顧客の課題や関心ごと	重点施策 →できるだけ具体的に、何をやるか、どのようにやるか？（行動目標） その目的は？（目的）

■顧客の戦略・中計・トレンド・方向性など	■自社が提供する価値	■営業シナリオを進める上
顧客がどこに進もうとしているのか	顧客に役立ちそうな自社製品、サービス →顧客が恩恵を受けるであろう製品やサービス 自社の強み、競争優位性	顧客に関すること

※顧客が１社の場合 114・115P のシートを採用、顧客が複数の場合 372・373P のシートを採用。

画、トレンド、方向性を加えたところからスタートし、販売拡大（拡販）のターゲットになりそうなことを選択します。

その上で、具体的な行動計画を練るわけですが、その際の**ポイントは定性的に行動計画や目的を練ると同時に具体的な定量目標まで落とし込む**ことです。

さらにはそれによる**効果予測まで落とし込みます。**場合によっては効果予想は除いても構いませんが、いつまでに、何をするといったスケジュール（ここでは上期、下期）は必須です。

一方で、そこにベネフィット軸ということで、**「自社が提供する価値」の視点を加え、この営業シナリオを進める上で、解決しなければならない障害をあらかじめ予測**できるようにするのがこのシートのミソです。

その障害も顧客に関すること、自社に関すること、競合に関することという例の「3C」の視点を用いるのが成果をあげるための賢い方法になります。

なお、**「顧客分析シート（Ⅰ-18）」**と**「営業シナリオ作成シート」**は**巻末付録として横長に拡大**したものを掲載しました。必要に応じコピーなどをしてご活用下さい。

第3章

有効なアプローチと「すぐ」成果が出る方法

STEP 1

つまずきやすい場面への一問一答
～営業パーソンの生の声へのアドバイス～

1 新規クライアント案件が獲得できない

短答

そもそも論になりますが新規顧客からの受注というのは、既存顧客からの受注とは比較にならないくらいに難易度が高いのです。

その難易度の差を数字で示すと**新規開拓営業のほうが5倍から10倍も難しい**といわれています。日本の成長期の頃は新規開拓は新人の仕事とする企業が多かったものですが、低成長の現在、新人に新規開拓を任せると成果が出しにくいためモチベーションを落としてしまって、退職者を続出させてしまう事態が急増してきました。そのため、新規開拓を最も営業力が高い部長職やマネージャー職、新規開拓が得意なシニア社員に任せる企業も増えています。

さらにいえば、新規開拓の案件が獲得できない要因も一つではありませんし、複合的な場合も少なくありません。

準備不足、計画不足、戦略不足という要因もあるでしょうし、既存案件のフォローに追われ、気がつけば新規案件の動きをしてこなかったという場合もあるでしょう。

あるいは、ほとんどの時間を新規開拓営業に費やしたにもかかわらず、自社製品の説明ばかりを繰り返し、相手の「お困りごと」や「課題」に対しての解決策の明示どころか、そのヒアリングが不十分だったために、案件化できないケースも散見されます。

こうした新規案件開拓が苦手な人には特効薬があって、まずは「For you感」という意識を持つことです。

「For you感」というのは「相手のために」「〇〇部長のために」「相手の会社のために」と発想することです。そうすれば自分本位、自社本位で自社製品の説明に終始することはなくなるでしょうし、相手に役立つ何らかの情報も提供しようとするはずです。

自然にそういうスタンスになるには「感情移入」を心がけるのがコツで、古くからリクルートでは新人に対しては、**「営業は感情移入だ」**という教え方をしてきました。

つまりは営業とは感情や情報の受信と発信で成り立っているという発想で、一方的に製品説明を発信しても、案件化する確率は少ないという事実を伝えます。

「感情移入」するからこそ、相手の立場に近づいて「お困りごと」や「不満まではいかないが満足していないこと」といった営業の絶好の標的を見出すことができるようになるのです。

2回目訪問ができない

初回訪問まではできるのに、そこから2回目訪問につながらないというのも、非常に多い営業パーソンの悩みの種です。

その原因の9割以上は初回訪問時の「興味・関心」の喚起不足にあります。初回訪問のアポイントが取れたということは、相手は何らかの「興味・関心」を持っていたはずです。それが、2回目訪問につながらないのは、相手の期待を満たせなかったか、優先順位がさほど高くなくなったからです。

2回目訪問ができないことへの対処は、**初回訪問時に宿題をもらい、その場で2回目訪問の日時を決めてくる**のが鉄則です。

そのためには初回訪問時に、どうすれば相手の興味・関心がマックスになり、「導入したい」という要望にワンステップ上がるのかの「次の一手」をしっかり考え、準備しておくことに尽きます。

こうしたことが「**営業は準備で決まる**」といわれるゆえんです。実際の相手の興味・関心や、その感情段階を「導入したい」にステップを高める「次の一手」を第2章（112～115ページ）で紹介した顧客分析シート（I－18）、営業シナリオ作成シートで推測しておけばこの段階はクリアできます。

3 情報収集レベルだった顧客への再アプローチができない

短答

事象としては、「2．2回目訪問ができない」同様2回目訪問ができないのですが、背景が若干異なります。情報収集レベルだった顧客は、当然ながら案件化するかどうかはまだ未確定ですが、その段階で再アプローチできないのは、「会う価値のない営業パーソン」と見限られている可能性があります。

通常、**情報収集レベルであればこそ、「情報収集」という明確な目的があるために、アポイントは取りやすい状況**といっていいでしょう。

新しい情報、役に立つ情報さえあれば、何度でもアポイントは取れるはずです。

それが取れないというのは、「1回は会ってはみたけど、たいした情報は持っていない」と判断されている可能性が大です。

営業の相手先は、日々多くの営業パーソンと会っていますから、自然と各社の営業パーソンを格付けしています。その際の基準は「自分や自社に役立つ情報をもたらすか否か」です。たいした情報もないのに商談に時間を費やすのは無駄ですから、自然と営業パーソンを選別するようになります。

そこで常に選ばれるようになるには、ズバリ**「相手に役立ちそうな情報」を準備しておく**ことです。その際「役立つ」情報ではなく「役立ちそうな」レベルでOKというところがミソです。

要は数がキモなのです。「役立つ情報」などそうはないかもしれません。そこでハードルを下げて「役立ちそうな」レベルにしておけば、多くの情報がその候補となり得ます。相手にとっては役に立つ情報もあれば、役に立たなかった情報もあるでしょうが、相手には確実に**「常に情報を持ってきてくれる人」**になるのです。

その情報は上司や先輩からもたらされたものでも構いませんし、別の取引先で耳にした情報でもコンプライアンスに触れなければ、どんどん使い回していけばいいのです。

STEP 2

「売れる営業力」養成講座 アプローチ編

1 営業で最も有効なアプローチ法（テレアポ、メール、紹介、手紙、ＤＭ）とは？

❶ テレアポ

昭和の時代からの代表的なアプローチ法が、電話によるアポイントの獲得であるテレアポです。新規開拓の場合は１００件電話を架けて3件のアポが取れれば上出来の世界で、逆にガチャ切りされたり、邪険に扱われることのほうが多いので、営業パーソンのモチベーションを下げてしまう原因にもなっています。

そんなことから、テレアポを専門会社にアウトソーシングしたり、インサイドセールス（68ページ参照）部門にその機能を持たせるなど各社が知恵を絞って進化させています。

このテレアポの生産性はそのノウハウに大きく左右されるので、そこは別途「STEP3」で詳説していきます。

直近では折からのコロナ禍が、このテレアポの世界を激変させてしまいました。

要は首都圏の企業にテレアポを行っても、**キーパーソンがテレワークしているので通話率が半減してしまった**のです。

その一方で携帯電話への通話率は2倍になっているので、**相手のキーパーソンの携帯番号を知っている営業パーソンが圧倒的有利な状況**になり、従来のテレアポの方法だけでは成果が出にくくなっています。

❷ 紹介

昔も今も、最強のアプローチ方法が紹介営業です。紹介営業というのは、紹介者の信用という担保があるので、「虎の威を借りる狐」的に新規顧客にアプローチすることが可能になります。

かつてリクルートのグループ会社が「紹介営業」で成果を上げている人とそうではない人を比較したところ、その違いはたった一つで前者は「紹介を依頼していた」だけだったといいます。

要は依頼できそうな人に紹介をお願いするだけです。ここで「紹介なんか無理強いしたら、人間関係を損ねてしまう」「がっつき過ぎて嫌われる」と考えてしまう人もいるでしょう。

しかし、**「紹介するか、しないかは相手の決めること」ですので、依頼できそうなくらいの人間関係のある人に、まずは依頼してみる**ことから始めてみましょう。

その際、重要なのは紹介依頼の「言い方」です。「アカウント数によるボリュームディスカウントがありますので、他の設計部門もご紹介頂ければと思いますが、お使いになりそうなのはどちらの部門になりそうでしょうか？」といった打診であれば、ビジネスライクでの紹介依頼ですので、依頼された相手も負担感は持たないはずです。

紹介依頼にためらいがあるなら、なおのこと「言い方」で工夫するようにしましょう。

❸ セミナー、オンラインセミナー

ＩＴ系、ソリューション系だけでなく、多くの業界の企業が新規取引の見込み客（リード）を集める主戦場として様々なセミナーを企画してきました。

このコロナ禍においてさえ、ウェビナーなどのオンラインセミナーがもはや当たり前となり、その利便性から参加者を拡大させています。

セミナーやオンラインセミナーにはその商材に興味のある見込み客（リード）が集客できるだけでなく、参加者の情報や属性が入手でき、製品やソリューションの機能特性や強みを丁寧に訴求できるメリットがありますので、効果的なアプローチ法になります。

そのためライバルたちも同様のセミナーを開催しますので、セミナー企画にあたり、集客上最も重要なのはセミナーのタイトルになります。セミナーの内容よりも、タイトルが大事というのもおかしな話ですが、内容がどんなにすばらしくてもタイトルが手垢のついたものだったり、「ピン！」とこないものだったりすると集客で苦戦してしまうのです。**タイトルについては、売れているビジネス書やビジネス誌の記事タイトルを参考にしながら、タイムリーで魅力的なものとするようにしましょう。**

❹ 展示会

展示会も関係者が一堂に会する機会であり、商談コーナーなども備えているので、**新しい得意先開拓にはうってつけの機会**になります。また、来場者ばかりではなく、参加企業同士で取引が始まるケースも少なくありません。

展示会を有効なアプローチ機会にするためには、ブースの目玉の展示物を何にするか、どのような演出を行うかの前に、**その展示会の目的とKPIを明確に**して欲しいと思います。

ここでいうKPIとは**アプローチ件数、獲得名刺枚数、商談件数、案件数、受注件数、受注額の目標を立てる**ということです。そのKPIを設定した上で、何を前面的に打ち出すか、どのような演出をするかを決めて欲しいと思います。

これまで中小企業庁、東京都、大阪府、名古屋市、横浜市などで展示会に参加する企業向けに講演や研修講師をしてきましたが、展示会の当日だけでなく、**事前、事後の販促計画をあらかじめ立案しておく**のが成果を上げるポイントです。

具体的には、**新規、既存のターゲット企業を決めて、案内状の送付、持参の事前コール、到着後のコール、展示会2〜3日前のリマインドコール、接客担当決め、2〜3日後までのサンキューコール、フォローアップ策まで事前に計画化**しておきましょう。

⑤HP（Webサイト）、SNSなどデジタルマーケティング

本格的なDX（デジタルトランスフォーメーション）時代を迎え、HPやSNSを用いた情報発信から、それらに反応したり、問い合わせがあった見込み客（リード）を集め、フォローを通じて育成し、商談化、成約するといったデジタルマーケティングの成果が無視でき

ないレベルにまで成長しています。

しかし、デジタルマーケティングが難しいのは、たとえSEO（検索エンジン最適化）で成功して、その分野のキーワード検索1位になったとしても、コンバージョン（訪問者がどれだけアクションを起こしてくれたかどうかの指標）で良い結果が出るとは限らない点です。このコロナ禍のテレワークで、逆に情報収集は活発となり、ＨＰなどへの問い合わせは増えている企業が多いといいます。その一方で案件が小口化したり、法人を想定したＷｅｂサイトに個人がアクセスしてしまったりといったことも頻発しています。

❻ 手紙

古風に感じるかもしれませんが、手紙は今でも立派なアプローチツールです。もちろん、**初対面の相手に対しても電話やメール、ＤＭに比較すれば効果は絶大**です。

手紙の書き方ですが、まずは手短な挨拶、自己紹介、突然の手紙の謝罪と理由からスタートし、相手の会社に興味を持った理由、この手紙の用件（相手に役立ちそうな情報の提供、一度お役に立てるかどうか情報交換したい旨）、改めて電話などでアポイント依頼の連絡をする旨、結び、追伸という流れ。**一番アピールしたい内容は追伸に書くのがセオリーです。**

また、せっかく書いた手紙が開封もされずに捨てられないようにするには、私信に見えるように高級な封筒を利用、料金別納にはせず定番ではないシールタイプの切手か、切手は数枚にして違和感を演出します。

宛名書きは手書き、手紙も手書きがベターですが、字が極端に下手な私は手紙の文面はパソコンで書いて、署名のみを直筆にしています。

⑦ メール、DM

休眠顧客やこれまで問い合わせのあった見込み客に対して、定期的な情報発信としてメールやDMなどで年に数回はアプローチして、顧客接点の鮮度は維持したいところです。1年スパンで集計するとそこから数パーセントの確率で受注はできるものですし、中には機が熟して大型受注に発展するケースもあります。

初めての相手にDMを送付する場合は、中にサンプルを入れたり、サンプルのビジュアルを入れたり、開封の必要のない大判のハガキを用いたりなどの演出が重要になります。**DMは一瞥（いちべつ）後に捨てられるのが常ですから、その一瞥時にいかに違和感を持たせて、捨てさせないようにするか**を考えなければなりません。

ですから、ぱっと見で「何を伝えたいのか」が分かるように、1メッセージかビジュアル＋1メッセージで訴求する作りにしたいところです。

❽ シナリオミックス

ここまで、アプローチの方法として、テレアポ、紹介、セミナー、展示会、デジタルマーケティング、手紙、メール、DMといった手段を紹介してきましたが、テレアポや紹介以外は、単発では効果がなかったものが、それらを組み合わせることにより商談まで発展することが少なくありません。

具体的には手紙＋テレアポ、オンラインセミナー案内DMの前のDM告知コール＋DM＋DM後の到着確認コール＋フォローコールによるセミナー案内、月ごと連続3回DM＋フォローコール＋月ごと連続3回DM＋フォローコールといった**連続的なアプローチのシナリオを作り、それらを展開して効果を測定する方法**です。単発でやってみて「DMの効果はない」とあきらめる前に、他の方法と組み合わせたシナリオを試してみましょう。

2 クロスセル、アップセルも念頭に

LTV（ライフタイムバリュー）という概念の普及とともに、客単価を上げる方策として

クロスセル、アップセルという用語が一般の営業現場でも用いられるようになってきました。

もともとはＩＴ系のＳａａｓ型商材やサブスク型商材で使用されてきた概念になります。**クロスセルというのは関連売り**で、エレベーターや業務用の空調機の受注後に保守サービスを営業したりすることです。横展開という言い方のほうが馴染み深いかもしれません。**アップセルはその名の通り、現在利用している製品やサービスより1ランク上のものにアップグレードしてもらう**ことです。

新規営業は既存の顧客への営業より難易度が5倍から10倍高いという話をしましたが、戦略系コンサルの一角のベイン・アンド・カンパニーのライクヘルド氏は「**新規顧客を獲得するコストは既存顧客を維持するコストの5倍**」という「１：５の法則」を提唱し、コスト面からも既存顧客からの客単価アップの有効性を説いています。

要は、既存顧客からの受注をマックスにする方策が難易度的にもコスト的にも優先順位が高いので、クロスセルとアップセルのためのアプローチの徹底は最優先にすべきというわけです。

STEP 3

特別講義 テレアポの極意

1 テレアポが苦手な人へのアドバイス

営業パーソンのほとんどは、テレアポが苦手なのではないでしょうか。たとえ「テレアポ」が得意と称している人がいても、テレアポが苦手といっている人のほうがアポ獲得率も営業成績も高かったりするので、苦手か得意かにはほとんど意味はありません。

テレアポに関しては、苦手―得意、好き―嫌いと判断したくなる気持ちはよく分かりますが、**実は成果を決めるのはアポイントの獲得率を高める方法、言い方、営業トーク、切り返しトークをいくつ知っているかなのです。**

そういう意味ではスポーツや習いごととまったく一緒ですので、誰でも平均的なレベルには到達できるものです。

しかも、テレアポは何件電話して、何件アポイントが取れたかという成果が測定できるので、何が良かったか、良くなかったかも判別しやすいですし、改善の余地も見出しやすいのです。

とにかくテレアポが苦手と思っている人はスポーツにたとえると、我流か、正しくないフォームでプレーしている可能性が高いので、まずは正しいフォーム、つまり成果を上げる方法を身につけることから始めましょう。

ハッキリいっておきますが、テレアポが好きな人なんていません。仕事だからやっているに過ぎません。しかし、イヤイヤではエンジンがかからず、モチベーションも湧きません。だからこそ、アポイントをバンバン獲得してテレアポから早く解放されましょう。その方法をここで共有していきます。成果が上がれば苦手意識も薄れますし、モチベーションも湧いてきます。

❶最初に電話を取る人を突破するロジックと方法

新規開拓のテレアポはその会社の代表電話に架電するか、キーパーソンの部門をネットで検索し、部門の直通番号が分かれば、そこに電話することになりますが、いずれにしても代表受付か、部門受付が最初にあなたの電話を取ることになります。

〈 テレアポの成否を決める要素とウエイト１ 〉

ゲイトキーパー突破

A ＝ 0.15×知名度＋0.2×評判・イメージ
＋0.25×用件＋0.3×話し方 ＋0.1×その他

営業トーク

A＞0.5で突破

＊ゲイトキーパー突破で最も重要なポイントは「話し方」で、そのウエイトは30%、次にその電話の「用件」を何にするかが25%。

テレアポはこうしたゲイトキーパーと呼ばれる代表受付、部門受付を突破することからスタートします。

なぜなら、売り込み電話というものは、仕事を中断させてしまうものでありますし、不必要なものも少なくないために、各社とも代表受付でスクリーニングしているのです。

そのための「○○社、○○業界」からの電話は「外出中です」「会議中です」と体よく断るようにというマニュアルも存在します。

多くは、保留中に当該部門やキーパーソンに電話を通すかどうかを打診して判断を仰ぐことになるために、それに対応した営業トークを組み立てなくてはなりません。

ゲイトキーパー突破の成否を決める要素は上の図のようになりますが、それぞれの要素にウエイトを掛けた積の和が0・5を超えれば、受付突破ができるという見立てです。つまりは、知名度や評判・イメージは営業パーソンには変えようがありませんが、用件と話し方を調整することにより、誰にでも0・5を超えることができるということです。

最もシンプルな方法は用件を「商品の案内」というこちら側の都合ではなく、「御社の○○の件で」と相手側にすること。さらに話し方としてはゆっくりと丁寧に話し、営業パーソン特有の慣れた話し方にしないほうが警戒されない分、突破力は高くなります。

❷ キーパーソンに「会ってみるか」と思わすには

ゲイトキーパー突破は慣れれば容易になってきますが、問題はキーパーソンからのアポイントの獲得です。その成否を決める要素とウエイトはゲイトキーパー突破の時とはガラリと変わって、もはや知名度やイメージなどより、その電話のタイミングのほうが重要になってきます。

タイミングというのは、2つの意味があって、まずは**その電話のタイミングが会議中や外出中でない時間帯やバタバタしている時ではない、相手が比較的気持ちに余裕のある時に架けられているか**というタイミングです。ゴールデンタイムは16時台。

例えば、月曜の朝一の電話は、多くの企業の場合、休み明けでメールをチェックしたり、

〈 テレアポの成否を決める要素とウエイト２ 〉

アポイント獲得

A＝0.05×知名度＋0.05×評判・イメージ＋0.2×タイミング

＋0.25×用件＋0.2×サジェスチョン＋0.15×話し方

＋0.1×その他

営業トーク

・製品・サービスのベネフィット
・役立ちそうな情報
・キーワード

A＞0.7で突破

＊キーパーソンからのアポイント突破で最も重要なポイントは「用件」となり25%、続いて同列でサジェスチョン（会えば何らかのヒントやメリットが得られそうな予感）、タイミングが20%というウエイト。

先週の振り返りや部下への指示、今週のスケジュールの確認などで一番バタバタしていそうです。そんなバタバタしているタイミングに架電して「この忙しい時に売り込みの電話なんて架けてきて…、会議中だと断っておいて…」と対応されると思われがちですが、**実は月曜の朝一というのは意外にアポが取りやすい時間帯**なのです。

もちろん、バタバタはしていますが、その負の感情を補って余りある着席率の高さがあるのです。つまり、外出していない、会議も始まっておらず、自席で仕事をしていることが多いのです。

ですから、そのタイミングめがけて、相手の興味・関心のあるテーマを投げれば、キーパーソンからのアポは取れるのです。

興味・関心のあるテーマをタイミング良く投げかけるというのが「ちょうどその話が聞きたいタイミングだった」という2つ目のタイミングの意味になります。その上でその電話の用件をゲイトキーパー突破時同様、相手側にとって何らかのサジェスチョン、つまりヒントが得られそうなトークにするのです。

例えば「御社の新人研修のオンライン化の件で」「御社の営業管理帳票の入力時間短縮の件で」と電話の目的を相手側のことにして、絶対に「興味ありません」といえない用件に続けるのです。たったこれだけで、あなたのアポイント獲得率は著しく上昇するはずです。

❸テレワークでお客様が会社にいない——どうする?

このコロナ禍でのテレワークの広がりの中、肝心のキーパーソンがテレワークで不在で取り次いでもらえないケースも増えています。

その際は、必ず、その電話で次の出社日を聞いておいて、そのタイミングで再度キーパーソンに架電するようにしましょう。**万一、次の出社日が「分からない」という場合は、本人がつかまるまで毎日電話を架けてみる**ことです

ダメ元で折り返し電話を依頼する手もありますし、大口の可能性があるなら前述した手紙作戦という手もあります。

2 アポ獲得率が向上しない人へのアドバイス

アポ獲得率獲得率が向上しない人に共通するのは、いつも同じ方法を繰り返している点です。声の大きさ、テンション、営業トーク、間合い、テンポ、言い方、架電する時間など何かを変えない限りはアポ獲得率は向上しません。

最も手っ取り早い改善策は、周りにいる先輩で一番アポ取りが上手い人の営業トークを録音（録画）させてもらって、完コピして、自然にいえるようになるまでシャドーロープレ（ひとりでやるロープレのこと）で徹底的に練習します。

その上で、その先輩がアポ取りをしている同じ時間帯に同じ方法でやってみることです。相手が不在であろう時間に、自社商材を売り込むトークで、ぎこちないテレアポを繰り返していたのでは、いつまでもアポは取れないでしょう。

理想的なテレアポはあくまで自然なコミュニケーションです。普通に優るものはありません。ここで、効果的なトークスクリプトを共有しておきますので、あなたの商材に入れ替えてアレンジして練習してください。

キーパーソン接触

OK

お断り

お忙しいところ恐れ入ります。／私、○○システムズの大塚と申しますが、いつもお世話になっております。／本日は、御社の営業の案件獲得率や／受注率向上のための音声入力の営業管理システムのお話でご連絡差し上げました。／要はスマホの音声入力を用いて、／営業日報から案件の進捗管理まで行える、非常に便利なソリューションなのですが、／御社は現在、／営業帳票への入力や／管理職のフィードバックに時間がかかり過ぎるといった／課題感はお持ちでしょうか？（話をさせる）／詳しい資料や導入事例集があがりましたので、／情報交換を兼ねて、ご案内に伺いたいと存じますが、／（オンラインでご案内できればと存じますが）来週の前半と後半では……

では、／後ほど改めてさせて頂きますが、／酒井部長は何時頃お戻りでしょうか？
【担当者と連絡のつく時刻を聞く（責任者・担当者名・直通電話も確認）】
お忙しいところありがとうございました。／また、改めさせて頂きます。

〈 アプローチトークの作成 〉

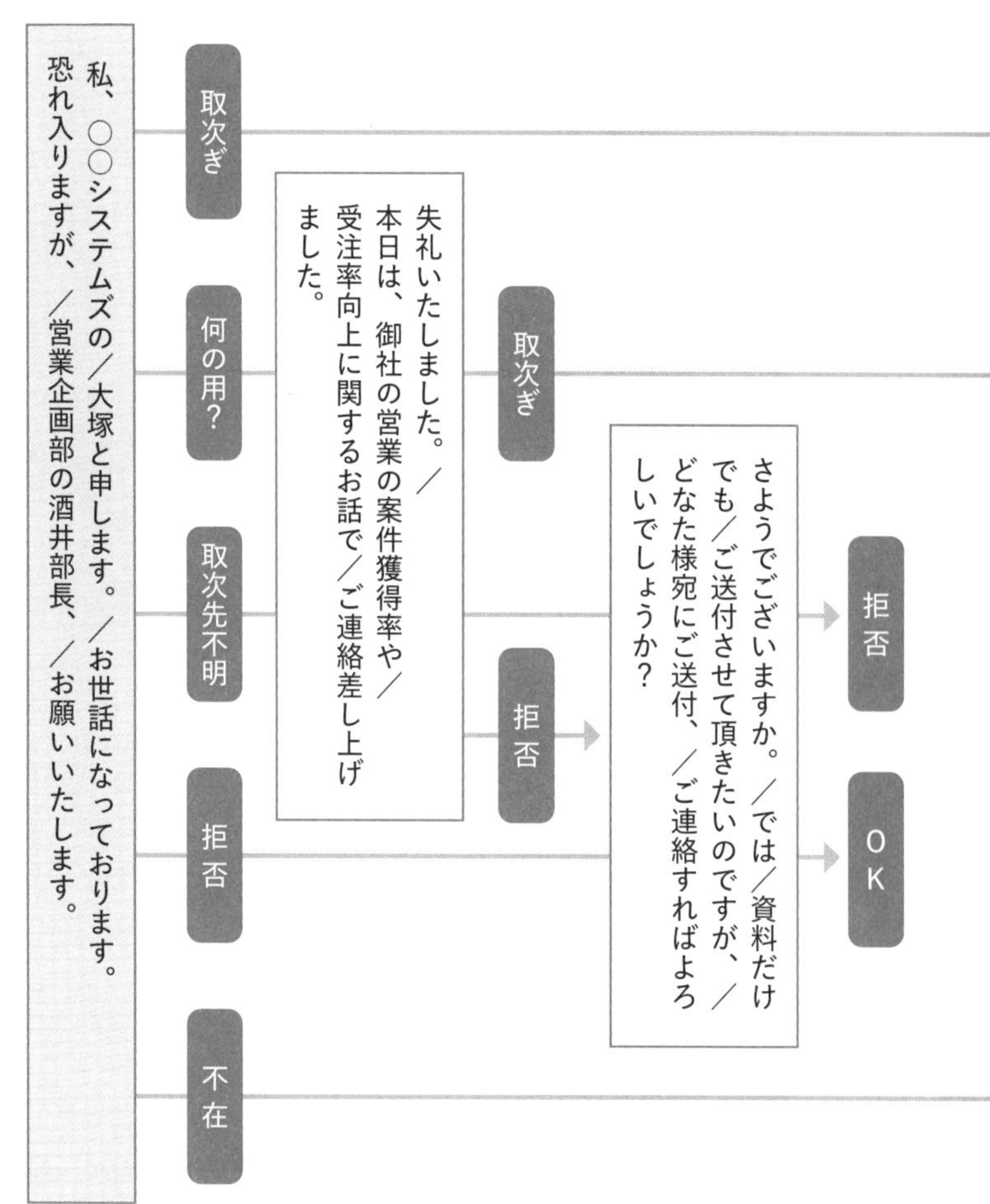

なお「／」のマークは息継ぎの箇所ですので、そこで間を取るようにゆっくりと話すようにしてみましょう。

3 「今は考えていない」といわれた際の切り返しが分からない人へのアドバイス

よくある場面というか、一番対応に困るケースの一つでしょう。「今は考えていない」のが最終決裁者である場合はともかくとして、部長クラスや課長クラスが今は考えていなくても、トップや担当役員の鶴の一声によって、すぐに緊急課題に変わってしまうことも少なくないのです。**要は、顕在化はしていなくても、潜在的課題である可能性はあるので、「今は考えていない」という言葉を真に受けず、その背景を確認しておく必要があります。**

例えば、次のように、

顧客：「今は考えていないかぁ」

自分：「なるほど。確かにそういうお客様も多いのですが、逆に営業部関連で酒井部長の今の優先順位の高い課題というのは…」

と、いったん周辺情報をヒアリングするモードに移します。そこで、率直な意見交換をしつつ、相手の課題と自社商材の接点がないかを必死で探すのです。

このコミュニケーションの目的は相手の「気づき」を促すことなので、「社内の報告資料が多すぎて、顧客訪問に支障が出ている」「SFAにいくら入力しても受注には役立ったことがないので、何のためにやっているか分からない」「管理職も部下が入力した内容の全てに目を通す時間がない」といったことに近い発言が出るのを待つか、他社の例を呼び水として使うなどして、実際の課題に気づいてもらえるような対話に展開させるのがキモです。

この対話が長ければ長くなるほど、「電話でも何なので、一度、情報交換をしましょう」という流れが作りやすくなるのです。

4 テレアポでつまずきやすい5つの場面とその対処策

❶「忙しい」

ホントに忙しいのか、体のいい断りの口実なのかは判断できませんが、「ちょっと、今忙しくて…（会う時間が取れない）」と反応されることが少なくありません。

その際、「時間は取らせませんから」とか「5分だけでも…」とハードルを低くする方法もありますが、ここは申し訳なさそうに「お忙しい時に、お電話をしてしまって申し訳ありません…。だいたいお手隙になるのは、いつ頃のタイミングで…」と**会える時間ができるのはいつ頃なのかを相手にいわせるのがスマートな対処策**になります。

そこで、「連休明け」とか「株主総会後」とかの回答を得ることができれば、そのタイミングで「2ヶ月ほど前にお電話差し上げた○○システムズの大塚と申しますが、株主総会後には、多少お手隙になるとお伺いしましたので、失礼ながら再度、お電話差し上げましたが…」と再アプローチするのです。

そうしたトークは「連休明け」とか「株主総会後」という言質（げんち）を取っているので、かなりの確率でアポが取れるようになります。もちろん、1割、2割は「それがまだ忙しくて…」と反応する人もいますが、それが3回以上繰り返される場合は「断り」の口実の可能性が高いので、窓口を変えてみるのも手です。

❷「資料送っておいて」

「まずは資料をお送り頂けますか」とか「資料を頂いて、興味があったらこちらから連絡します」という反応は30年前、20年前も定番だったものの、率としては確実に増えています。それだけ、1人当たりの仕事量が増えて、新しい商談に臨む時間的余裕がなくなり、会う人を絞っているからに違いありません。

さて、この「まずは資料を送れ」ですが、「その話ならぜひ聞きたい」レベルではなかったことは明らかです。

なので、いわれるがままに資料を送付しても徒労に終わる可能性もあります。そこでまずは面談が必要な必然性を申し訳なさそうにいってみましょう。

「はい。それがデモのツールになっておりまして…。機密保持の観点から実物をお持ちして、使用感を実感して頂きたいのですが、恐縮ですが、30分程お時間を頂ける日は…」といった感じで。

それでもダメなら素直に資料を送付して、到着したであろう日の2〜3日後に必ず電話して再度、面談の時間取りに移るようにしましょう。

その資料がHPからダウンロードできる場合は、電話でその場所までガイドしてダウンロードまで付き合うことをお勧めします。

顧客との接触頻度が多ければ多いほど、接触時間が長ければ、長いほど案件化率は高くなるからです。もちろん、その過程で相手が興味を持ったならその電話で営業してしまっても構いません。

❸「その担当はここじゃない」

新規開拓の場合は、電話を架けた先がその商談の担当ではなく、担当部署が分からずに〝たらい回し〟になることも少なくありません。

ですが、この〝たらい回し〟は決して悪いことではないので、むしろ肯定的にとらえて欲しいと思います。なぜなら〝ガチャ切り〟や「興味ありません、ガチャ」と比較すれば、商談に発展する可能性も受注する可能性も残されているのですから。

「それは、営業企画ではなく人材開発の担当です」といわれたら、必ず「人材開発のどなたのご担当になりますでしょうか？」と担当者名をヒアリングした上で、内線で回してもらうようにしましょう。

最近はコンプライアンス上、初めての電話の相手に担当者名を明らかにしない企業も増えていますが、まずは聞いてみることです。

〝たらい回し〟もグルグルずっと続けていけば、いずれは主担当の部門に行きつくものなので、とにかく続けることです。

❹「すでに導入している」

これも肯定的に受けとめる話です。**すでに導入しているということは、ニーズがあったからなので、必ず、いつ頃導入したかを聞いてリプレイス（置き換えて新しくする）のタイミングをその場で図りましょう。**

導入したばかりでは、営業対象にはなりませんが、**すでに4～5年が経過しているなら商材によってはリプレイスの検討期を迎えます。**

その際は「それは良かったです。すでに導入されていらっしゃれば、課題といったものもおありだと思うのですが、ぜひ比較してみてください。たぶん驚かれると思いますよ」といった感じでアポ取りを進めましょう。

❺「興味がない」

正直、これは相手の率直な実感だと思います。しかし「興味がない」場合は、「誰がそういっているのか」が最重要になります。自分の仕事が増えることを嫌がる担当レベルや課長レベルが「興味ない」といっていても部長レベル、役員レベル、社長レベルになると「興味あり」に変わることもしばしばあります。

部長レベルが「興味ない」という場合は苦しいのですが、担当レベルや課長レベルの「興

味ない」は真に受けずに、新規の場合は部長レベルにまで営業対象を上げることです。

300名以下の企業なら社長にダイレクトにアプローチしてもテレアポの難易度は変わりません。

第4章

誰でもできる！「すぐ」成果の上がる商談の流れの習得

STEP 1

つまずきやすい場面への一問一答
～営業パーソンの生の声へのアドバイス～

1 商談前の雑談が苦手、どう克服すれば良いか？

短答

雑談が苦手な人で一番多いのは、「雑談で何を話していいのか分からない」という現象です。基本的に何を話しても構わないのですから、逆にそうした悩みを持つ人が出るのももっともな話です。しかし、安心してください。雑談にはセオリーがあるので、それさえ知っていれば、誰でも雑談の場面を有効に使えるようになるので、まったく心配はいりません。

その詳細は「STEP2」で解説しますが、**雑談の3つのセオリーというのは、「相手が喜ぶ話題を振る」「素朴な疑問を投げかける」「共通する話題を振る」の中から一つ選んで雑談のテーマとする**ことです。

あらかじめ雑談ネタの候補を考えておくのが望ましいですが、当日、最寄り駅や車の場合は駐車場から応接室までをよく観察して、何らかの変化を見つけて雑談の話題にするのも効果的です。

2 ヒアリングを会話の中に自然と入れていくことができない

まずは、**必ずヒアリングしなければならないヒアリング項目、つまりは現状や課題、期待すること、希望する仕様、希望納期、コスト感、優先順位などをリスト化**しておくことが重要です。

その上で、用いるのが「関連質問の技術」です。**会話の中でその項目に近いテーマとなった時に関連質問として「御社の場合は現状～」「そういえば、御社では～」という流れでヒアリング**していくのです。

ですからあくまで自然な対話優先で、ヒアリングリストの項目を飛び飛びに聞いていくことになりますが、最後にモレている項目については「最後に3点確認させて頂きたいのですが…」という言い方でまとめてヒアリングするようにしましょう。こうしたヒアリングのパターンを持つと、会話の中で自然とヒアリングができるようになります。

3 お客様の心に響くようなセールストークができない

「説明」というコミュニケーションの様式を用いている限りは、なかなかお客様の心には響きません。**響かせることが目的なら「共感」が得られるようなエピソードを紹介することからスタートしたり、説明ではなく「描写」するように心がける**ことです。

例えば〝新人が初めて自分がプログラミングしたシステムが動いて喜んでいる〟というのは説明になります。これを描写すると〝「動きました！」と、新人が自分が初めてプログラミングしたシステムをテストして、頬を紅潮させている〟ということになります。

さらには事例を紹介する時は、自身が担当した事例でない場合はあらかじめ、当事者にその事例の苦労話などを聞いておくことです。本人から直に話を聞くことによって感情移入のメカニズムが働くので、まるで自分が担当したようにリアルに相手の心に響くような熱量を持って伝えることができるようになるものです。

STEP 2

「売れる営業力」養成講座
商談の流れ編

1 良い商談の流れ、悪い商談の流れはどう違う？

最初に悪い流れから。①挨拶→②製品説明→③質疑応答という流れ。ありがちではあるのですが、案件化率、受注率とも最も低くなります。ただし、相手から「話が聞きたい」という要望があった際は、この流れでも案件化する可能性はあります。

では、良い商談とはどういった流れになるのでしょうか。

基本的には、

①挨拶→②雑談→③相手に役立ちそうな情報提供→④最近感じている課題や現状のヒアリング→⑤課題や現状に対し役立てそうなことの明示→⑥相手の感触の把握→⑦商品・サービスの説明、アピール→⑧質疑応答→⑨次回訪問の約束

といった流れになります。

簡単に「ヒアリング」といいますが、営業パーソンの都合で聞きたいことを相手が話してくれるとは限りません。ましてや新規営業の場合は、相手は営業パーソンがとの程度のレベルなのかを値踏みしている状態ですので、「使える人物」と判断しない限りは情報など開示してはくれません。

だからこそ、③の「**相手に役立ちそうな情報提供**」で差がつくのです。先に紹介した通り、「役に立つ情報」では数が限定されてしまうので、ハードルをグッと下げて「役立ちそうな」レベルにしてまったく問題ありません。要は数が重要なのです。

なぜ差がつくかというと「いい情報やヒントをもらえた」と相手が判断すると、④の「**課題や現状のヒアリング**」の場面で、そのお返しに包み隠さない課題や現状を話してくれるようになるのです。そこで「貸し借り」の原理が機能するわけです。このメカニズムを活かさない手はありません。

そのヒアリングで得た情報を受ける形で⑤の「**課題や現状に対し役立てそうなことの明示**」をして、⑥「**相手の感触を把握**」します。

この辺りの一連の流れであれば、STEP1の「**2．ヒアリングを会話の中に自然と入れていくことができない**」といった営業パーソンの悩みが解決できることが分かるでしょう。

この時点で相手の感触が良ければ、ここで初めて⑦「**商品説明**」に移りますが、厳密には「説明」ではなく「アピール」することを心がけてください。この場面がクライマックスになりますので。

その後に⑧「**質疑応答**」になりますが、商談化するかどうかはその質疑応答に左右されることが多いので、ここが白熱するか、あるいはコスト面や納期面での質問に及ぶかを判断の基準にしてください。

そして、必ず宿題をもらうなど⑨「**次回商談の約束**」の日時をここで決めるようにしましょう。

2 雑談を活かそう ～誰でも簡単にできる！ 雑談力アップの方法～

雑談の目的は、単に話しやすい雰囲気を作り出すためのアイスブレイクだけではありませ

〈 良い商談、悪い商談の流れ 〉

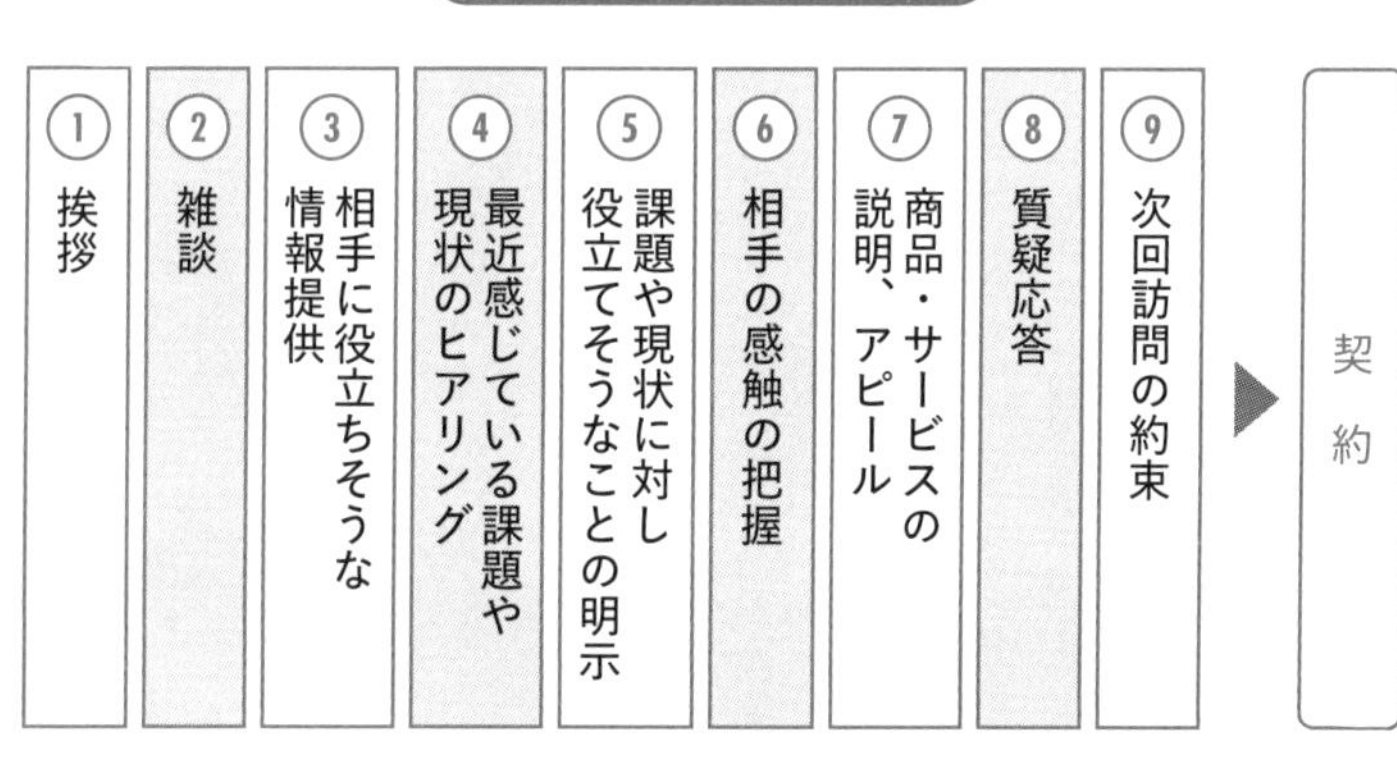

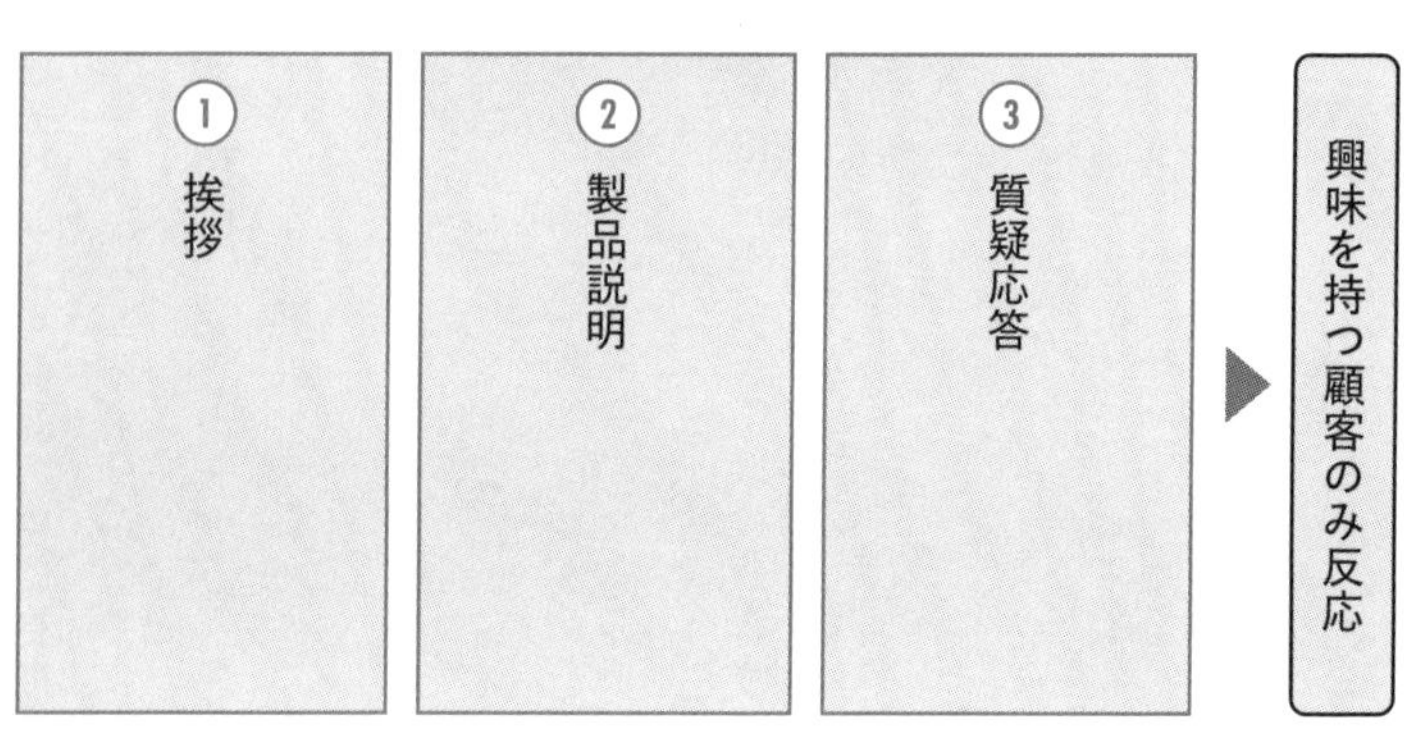

ん。オフィシャルな本番の商談になってしまってからでは「聞きにくいこと」や相手が「話しにくいこと」を、まだ本番が始まる前や後のいわば**カジュアルな場だからこそ「聞ける」「言える」場として使って欲しい**のです。

商談後のいわゆる「**エレベータートーク**」で、聞きにくい予算感やライバル企業の動きなどのヒントを得ている人も多いことでしょう。

ちなみに「エレベータートーク」というのは、帰り際に顧客に見送られつつエレベーターを待っている時間にやり取りするコミュニケーションのことを指しています。商談後で緊張感から解放されていることもあり、ついつい警戒感がゆるみがちになるのです。

さて、誰でも簡単に習得できる雑談力アップの方法ですが、すでにSTEP1で紹介しておいたように「**相手が喜ぶ話題を振る**」「**素朴な疑問を投げかける**」「**共通する話題を振る**」の中から一つ選んで雑談のテーマとする「3つのセオリー」を事前に準備しておくことです。

「**相手が喜ぶ話題を振る**」というのは、相手の会社のことでもいいですし、相手個人のことでも構わないので、**とにかく「喜んで話してくれる」話題**のことです。会社の業績、商品がヒットしている、テレビ番組や新聞で紹介されていたということや、自慢の娘さんがいらっしゃるなら娘さんの話、身につけている時計や靴の話題でも構いません。

釣りやマラソン、ゴルフや旅行が趣味と分かっているなら、そうした話題もいいでしょう。

一方、「**素朴な疑問を投げかける**」ですが、なぜ素朴な疑問かというと、素朴な疑問というのは、**そもそも相手や相手の会社に関心を持っていないと思い浮かばない**のです。

逆に、素朴な疑問を投げかけられた相手は「あっ、この人は自分の会社や自分に対して関心を持っている人」なんだと受け止めますので、当然、距離感が近くなって、やり取りされる情報も密になるというメカニズムです。

新規訪問であれば、社名やロゴマークの由来などHPに記載がなければ聞いてみるのもいいですし、HPに紹介があれば、さらにその周辺のことを尋ねるのもいいでしょう。

相手が寡黙そうな人で「雑談なんてしてないで、早いとこ本論に入ってくれ」といった表情の人には営業ツールをカバンから出しながら、近くの「おいしいラーメン屋さん」や「おいしい定食屋さん」がどこかを聞いてみるのも手です。こういう人には「ながら雑談」で、営業ツールをテーブルに開いたら、すぐに本論に入ります的な雰囲気を満載にして手短に聞くのがコツです。

寡黙な人でも食事はするので、回答しやすいため無難なのです。

3つ目は「**共通する話題を振る**」ですが、世界最大公約数的な「共通する話題」がたぶん雑談ネタとして最も多用されている「天気・天候ネタ」になります。

ところがこの「天気・天候ネタ」、暑い、寒い、晴れ、雨によって売上が変動するような飲料メーカーや食品メーカー、流通業に対しては鉄板になりますが、その他業種では「天気・天候ネタ」からは次の話題に発展しづらかったり、本論との流れが作れなかったりという欠点があるので、他のテーマを準備したほうがいい場合もあります。

「**共通する話題」というのは、共通の趣味、知り合い、仕事、業界ネタ、出身地、出身校など何でも良くて、レアであればあるほど強力といわれています。**

レアというのは、犬好き同士、猫好き同士、クラシック音楽好き同士、同じ群馬県出身といった共通性です。

かつては「雑談で政治と宗教と野球の話はするな」と対立関係になる可能性のある話題は避けるように教えられたものです。

しかし、昨今はプロスポーツも多様化していますし、ネックストラップやスマホのケースで贔屓の球団やサッカーチームが分かる場合、球団ではなく、「野球好き」という括りで話が盛り上がるケースのほうが多いため野球に関してはタブーではなくなっています。

念のため、昔の雑談のテーマとされた「**木戸に立てかけし衣食住**」、つまり「季節」「道楽（趣味）」「ニュース」「旅」「天気」「家庭」「健康」「仕事」「衣服（ファッション）」「食べ物（屋）」「住まい」の頭文字を並べたものですが、現在では好ましくないものも混じります。

ダイバーシティやプライバシーの側面から「家庭」に関しては好ましくないでしょうし、昭和の時代は普通だった「出身校」に関しても昨今では雑談で話題にのぼることはほとんどなくなりました。

3 話の発展のさせ方、会話の広げ方のコツ

❶ 同調する

話を発展させるコミュニケーションのベース作りとして重要なのが、相手の話に反意を示さず、まず肯定的に受け、強めに同調することです。例えば「確かにおっしゃる通りです」「ご指摘の通りですよね」「私もそう思います」といったフレーズになります。

営業では「神は細部に宿る」といいますが、こうした「**私はあなたのお話に同調していま**

す」という姿勢を、**あえて相手に分かる言い方で伝えることによって、相手は話しやすい雰囲気になるので話が発展し、会話が広がる土台ができる**のです。

逆に信頼関係が成立していない段階で「でも〜」「しかし〜」とダイレクトに反意を示してしまうと、当然ながら相手は気持ち良く話せないので、話が発展するはずはありません。

❷聞き役を演じる

売れる営業に共通する基本行動のキモは「話す」ことではなく「聞く」ことなので、とにかく**「話すこと」より「聞くこと」を重要視**しています。

商談では聞き役に徹するのはもちろんですが、**ただ聞くのではなく、掘り下げながら聞く**。課題、不満、問題点や不満まではいかないけれど満足していないことをできるだけ多く引き出せるコミュニケーションを心がけましょう。

❸話に食いつく

相手の話に食いつく姿勢を見せるのも、商談の場の話を弾ませるために欠かすことのできない演出となります。

その際のコツは**ちょっと大げさに反応する**ことです。

「えー、それおもしろいですね」「やっぱ、すごいですね」「それで、どうなったのですか？」「すばらしいですね」といったフレーズを用いて、必ず、その場面が訪れたら「私は、今、あなたの話に食いつきました」ということが確実に相手に伝わるリアクションを見せましょう。

「わざとらしくて、ちょっと…」と思う人もいるかもしれませんが、営業は「わざとらしい」のが礼儀作法と心得て、まずは自分なりに試してみましょう。「わざとらしく」に近い文脈ですが、相手を立てる、相手に花を持たせることを優先し、決してマウントを取らないようにすることも忘れないように。

❹ たとえ話にする

話を発展させる、話を広げるためには「たとえ話」も有効です。**特に専門家でない人、技術者でない相手に対して、技術的な話や専門的な話をしなければならない時にたとえ話は鉄板です。**フレーズとしては、「人間にたとえると、この部分が全体を制御する脳に当たる部分で～」や「部活やスポーツ、習いごととまったく同じで、まずは説明より見本、手本を示すほうが習得しやすくなります」と相手の頭の中にあるであろう体験、イメージ、言葉と結びつけるようにするのがコツです。

〈 話の発展のさせ方、会話の広げ方のコツ 〉

同調する

おっしゃる通りです。
私も〇〇さんと同じように感じています

聞き役を演じる

そうですか。
それについて詳しく教えて頂けませんか？

話に食いつく

えっ！　それはすごいですね！！
それでその後、いったいどうなったんですか？

たとえ話にする

自社の製品のここが人の体にたとえるなら
頭脳の部分になります

得意分野を持つ

野球がお好きとは知りませんでした！
実は私、学生時代は野球に明け暮れていまして……

❺ 得意分野を持つ

これは具体的なコツではありませんが、**どんな分野でも構わないので得意分野があると、話が発展しやすくなる**ということも共有しておきます。よくあるのは技術や現場出身の営業パーソンには、顧客は技術的なことを相談したいので、そちらにコミュニケーションが広がるでしょうし、中国ビジネスに詳しい、薬機法（旧薬事法）に明るいというのも武器になります。仕事以外でも甲子園出場経験があるとかサッカーの全国大会に出場したとかのスポーツなどの得意分野でも、相手が野球好きだったら草野球、フットサルなどをやっている場合は、「一度、一緒に試合をやりましょう」とか助っ人依頼などで人間関係が深まったりするものです。

4 場作りのための5つのテクニック

「場作り」というのは商談がいい雰囲気の中で行われるようにするための「雰囲気作り」ですが、ここでは5つの方法を紹介します。

❶ 間口の広い一般的な話から仕掛ける

まずは、間口の広い一般論から仕掛けるようにしましょう。最初から自分が売りたい商材に限定しまうのは性急で何のメリットもありません。

具体的には、**フリーアンサーで答えられるオープンクエスチョンがオーソドックス**です。オープンクエスチョンというのは、相手からいろいろな回答が出る質問のことで、「Ｙｅｓ」「Ｎｏ」で回答するクローズドクエスチョンの逆です。

❷ 他社事例を介在させる

場の雰囲気を盛り上げ、商談を前に進みやすくするためには他社事例を介在させるのが効果的です。事例というのは、イメージが湧きやすいので初めて聞く話でも腑に落ちやすいのです。何かを説明したり、機能特性をアピールしたい場面でも、他社事例で紹介することにより信頼性が高まりますし、**顧客はどんな会社が採用しているのかを知りたがるので、一石二鳥になります**。

さらにイメージが湧くと、自然に「自社で採用するとしたら」という思考にも及ぶわけで、それが呼び水となって自社の顕在的な課題や期待を話すキッカケになるのです。

❸ ホットなキーワードを投げる

ホットなキーワードというのは、業界で今注目されていることや流行っていること、業界でなくても、**コロナ禍での「テレワーク」「オンライン会議」「オンライン商談」**などです。こうしたキーワードが相手との共通言語になるために、場の雰囲気が作りやすくなります。

❹ 同業界、同業種の話題を振る

相手との共通言語という意味では、**同業界や同業種での話題を振るのも効果的**。同業界はいいとして、同業種というのは技術職、営業職、人事・総務系、販売系といったものです。コロナ禍の流れで営業職についていえば、「今年の新人向けの営業研修ですが、やはりオンラインで実施する予定ですか？」という質問。全ての企業は困っており、良いアイデアを求めて情報を欲しているために活発な意見交換になります。

❺ 自社の実績を示唆する

自社の導入実績を明示したり、守秘義務などによって明示できない場合は、**仮称を用いてさりげなく示唆する**ことによって、相手に安心感を与え、本音ベースの情報が共有できるようになります。

実績が多ければ多いほど商談相手が信頼してくれるので、商談はやりやすくなります。

以上が場作りのための5つのテクニックになりますが、補足しておくと、それらを通じて、「当たり」をつけるようにするとさらにレベルの高い営業になります。

「当たり」をつけるというのは、相手の期待度の高いことで自社が解決できることを探す動きになります。

場作りに慣れてきたら、同時に「当たり」をつけながら商談を進めるようにしましょう。

5 相手の興味・関心を喚起する8種類のネタ

新人研修を終え、営業現場に出た段階のかなり初期に、ほとんどの営業パーソンは相手が興味を持ってくれている場合の商談と、「関心を持ってない」場合の商談の違いに気づくのではないでしょうか。

前者はいいとして、**「関心を持ってくれていないな」と悟った時、どうすれば相手の興味・**

関心を高められるのかを探るはずですが、ここではその方法を8つ紹介していきます。可能なものから事前に準備して、すぐに対応できるようにしておいてください。

❶ 今抱える課題をどうすれば解決できるのか

このネタを出せば、どんな相手も絶対に興味・関心を持つという最強のカードといえるでしょう。例えば、コロナ禍で通常の顧客への訪問営業ができずに困っている企業に対して、**『オンライン商談のつまずきやすい8つの場面とその対策』という冊子と動画を作成したのですが、もしよろしければ次回お持ちしましょうか？　もちろん、必要があれば研修もやらせて頂きますが…、もちろん、オンラインで**」といったトークになります。

この最強のカードの準備ですが、ある程度の情報収集の後に最大公約数的な推測をして、想定される課題についてリストアップし、解決策を準備しておくことです。

解決策が自社が対応できるものであれば理想ですが、自社が対応できるものでなくても興味・関心の喚起を目的として情報だけを用いる方法もあります。

❷ 他社はこうした課題にどう対処しているのか

①同様に自社が直面している課題や問題に対し、**他社がどう対処しているのか**もかなり強

いカードといえるでしょう。賢い経営者や管理職はそうした情報を得るために営業パーソンと面談したりもします。要はベンチマーキング先の正しい情報や意思決定の助けとなるヒントが欲しいのです。

これもあらかじめ推測して、準備しておくと重宝がられるのは間違いありません。

例えば、コロナ禍の中、新人30名の営業研修をオンラインで行う可能性のある企業に対して、

「前年の事例になりますが、社名は出せませんが、30名以上の新人の営業研修をオンラインで行って、対面での研修より成果を上げた企業の研修カリキュラムの事例がいくつかございますが、ご覧になりますか？」という言い方。

見たくない人なんているはずがないので、こうした展開になる課題を類推し、できるだけ準備をしておきたいものです。

❸ 最大公約数的な課題

これは①②とは異なり、顧客の課題が特定できないので、かまをかけた言い方でまずは課題をあぶりだしつつ相手の関心を高めたい場合に用います。

テーマとしては、業界特有の課題を投げてみる方法が一般的です。例えば、とにかくドラ

イバー不足に悩む運送会社に対して、

「女性の活用を考えたことはおありですか？　取引先にお願いして荷物の積み下ろしを分業したり、フォークリフトの免許を取るのを支援したりして女性活用をしているご同業も出始めてますが…」といったアプローチになります。

❹ 具体個別の解決策やソリューション

解決策や落としどころがある程度限定されている場合は、その逆算から課題をあぶり出すためにまずは、具体的な個別のソリューションを振ってみます。

「御社のＳＦＡ（営業支援システム）ですが、あれこれ入力するのが仕事になってしまって訪問件数が落ちてるとか、上司からのフィードバックもなくて、実際の受注に役立ったこともないので、何のためにやっているのか分からない、なんて声は上がってませんか？」といった感じで。

相手の興味・関心を高めるコツは、できるだけリアルな生の声を紹介することです。

❺ 先進事例

先進事例を紹介するのも、相手の興味・関心を喚起するには効果的です。**先進事例はでき**

れば、影響力のある企業の事例があれば理想なのですが、それほどでもない場合は、できるだけ相手の業界や規模感に近い事例を選択するのがコツです。

近いものがないなら抱えていた課題の共通点など、できるだけ共通点を作って紹介するようにしましょう。

⑥ 同業界、同業種の情報

役に立ちそうな情報が商談の流れを作るのに重要なパーツになることは、すでに解説しましたが、やはり**同業界、同業種の情報については誰でも聞きたくなる**ものなので、相手の興味・関心を喚起するには強力な武器となります。

なので、日常的に上司や先輩、同僚と情報交換し、常にアップデートしておきましょう。

⑦ ヒントになりそうな異業種の事例

⑥の同業界の情報でなくても、参考やヒントになりさえすれば異業種の事例や情報でも構いません。例えば「**シニア層のモチベーションアップにつながった取り組み**」や「**KPIに基づく評価制度**」などは異業種であっても、みな参考にしたいところだと思います。どんな商材の営業でも、こうしたヒントになりそうな異業種の事例というのは存在するので、こち

らも営業の武器に加えておきましょう。

❽ホットなテーマ

前の「場作り」でもホットな話題の効果に触れましたが、今、みなが注目しているホットなテーマに関する話題を投げれば、当然、相手もその話を聞きたいので自動的に興味・関心は高まるはずです。

例えば、経営に近いところや管理部門、人事部門では「メンバーシップ型」「ジョブ型」人事制度や「改正高年齢者雇用安定法」による「70歳定年の努力義務」に関してはホットなテーマになりますので、人材サービス系の営業であれば、この辺りの情報武装は必須になります。

以上、相手の興味・関心を喚起する代表的な8種類のネタを紹介しましたが、もちろん、もっとたくさんのネタがあるはずです。日常的に相手が「何を知りたいのか」を類推することをルーティン化して、営業の武器としてください。

6 ヒアリング力強化のための相手の真意を汲み取る5つの質問フレーズ

アカウント営業や信頼関係が成立している上での営業を除けば、ヒアリングといっても、こちらが聞きたいことに相手が回答してくれる保証などありません。

特に新規の場合、不用意に「現在○○に関しまして、課題はありませんか?」などと質問してしまうと、「営業ごときが、偉そうに何、聞いてんの? あんたに話して解決できるようなことは、課題になんてなってないけど…」といった心証を与えてしまう可能性があるので要注意です。

なぜなら、**「現在○○に関しまして、課題はありませんか?」という聞き方自体が日本では〝上から目線〟なので、不快に感じる相手もいる**のです。

日本語について解説しておくと、超文脈依存言語である日本語は、「もう一杯同じものいかがですか?」という問いに対する「結構です」という返答に、「はい。同じものを頂きます」「いえ、もうたくさん頂いたので、いりません」と「Ｙｅｓ」とも「Ｎｏ」とも解釈できる不思議な言語なのです。

実は、日本語は「もう一杯同じものいかがですか?」「結構です」という言葉のやり取りだけで意思疎通しているのではなく、**その時の相手の表情やその変化、態度、言い方、その場の雰囲気やそこまでの流れを総合的に判断しながら意思疎通する言語**なのです。

そういう意味では世界で一番営業に向いていない言語でもあるのです。超文脈依存でいう文脈こそが、「KY(空気読めない)」の空気そのものと理解しておくといいでしょう。

この日本語の特異性を理解しているだけで、営業でのコミュニケーション力は各段にアップします。

つまりは、日本語でやり取りしている限りは、相手の真意を把握するのにものすごい個人差が出てしまうので、それを是正するための方策が必要になります。

具体的には質問の方法になりますが、ここでは代表的な**「確認法」「かまかけ法」「択一法」「深堀法」「小さな同意獲得法」**の5つを紹介しておきます。

❶ 確認法

「現在○○に関しまして、課題はありませんか?」だけでは、上から目線になるものの、不思議議や不思議議、その前に枕言葉として**「一点、ご確認させて頂きたいのですが…」の一節を**

加えるだけで上から目線度は解消されてしまうのです。「一点、ご確認させて頂きたいのですが、最近、シニア層のモチベーションアップのご要望が多くなっているのですが、御社でのその辺りに課題感といったことは…」といったように。

❷ かまかけ法

かまかけ法というのは、昭和の時代から営業成績がコンスタントに高い人たちに共通する質問法です。「**運用コストに10億円以上かけている大手さんでも、一部パッケージを導入する企業さんも出てきましたが御社でも、その辺りの方向性については…**」というフレーズになります。

ここは迷っているケースもありますし、社内でも意見の分かれるテーマなので、当り障りのないよう具体的な〝スクラッチ開発で運用コストに年間10億円をかけている大手さえも一部パッケージを導入し出した〟という呼び水トークを用いて、流れを作って誘導尋問的に回答しやすくするのが、かまをかける質問法になります。

❸ 択一法

択一法というのは、相手の真意がハッキリするように「Yes」「No」や「A」「B」の二択や「A」「B」「C」の三択を作ってしまって質問する方法です。「**御社の営業強化という意味で優先順位が高いのは、マネジメント層の強化と若年層の20代の強化とではどちらが優先度が高いでしょうか？**」といったフレーズになります。

これなら真意に近いほうが浮き彫りになるのがお分かりでしょう。

❹ 深掘法

日本語が超文脈依存言語であることを紹介しましたが、その特徴の一つとして背景まで共有しておかないと「いった」「いわない」のトラブルに発展しやすいリスクがあります。以心伝心とか、忖度というのは思惑なので、発信側と受信側の理解が一致しているとは限らないのです。

ですので、**現象だけを聞くのではなく、その現象からさらに深掘りして、要因までを「その背景にあるものというのは…」といったフレーズなどを使ってヒアリングする**ようにしましょう。

❺ 小さな同意獲得法

相手の真意や興味の有無を確かめるために、「次回、先進事例をお持ちします」と無理強いをするのではなく、些細なことでも相手の判断を仰ぐのが小さな同意獲得法です。

例えば「**その辺り、ご同業他社の先進事例がございますが、次回お持ち致しましょうか?**」と打診すれば、興味があるなら「ぜひ」に近いニュアンスの返答になるでしょう。一方、特に興味がない場合は「まだ、そこまでいっていないので…」とかの気のない返事になるか「ええ、時間のある時で結構ですから…」などの消極的な返答になるので、ここは、「**逆に、もっと優先順位の高いテーマというのは…**」とつなげて、興味・関心の本丸がどこなのかの質問につなげたいものです。

7 相手の課題を把握するための5つの方法と注意点

ここまで売れる営業になるためには顧客の課題を把握したり、推測したりすることがキーファクターであることを繰り返し述べてきましたが、実際はどのように課題を把握すればいいのでしょうか? ここでは推測ではなく、**直接、あるいは間接的に課題を把握する方法と注意点について共有**しておきたいと思います。

❶ 相手に直接尋ねる

課題について相手に直接尋ねるのがもっともオーソドックスな方法になるでしょう。

その際の注意点は3つあります。まずはその課題が**現場の課題なのか、マネージャークラスが感じている課題なのか、あるいは役員クラス、つまりは経営陣が感じている課題なのか**を区別しておかなければなりません。

順序として役員クラス、マネージャークラスが感じる課題についてはその課題解決のために予算化される可能性は高いでしょうが、現場の課題は、単なる現場の愚痴や文句として片づけられることもあるので、ここは注意したいポイントになります。

次は「いっていること」と「その背景」に注意することですが、超文脈依存のところで紹介したように、**相手がいっていることを真に受けるのではなく、「その背景」にあるものを深掘りしてヒアリングする**ようにしましょう。そして、相手の話していることが、「事実」なのか「個人的意見」なのか「推測」なのかをより分けて聞くようにしましょう。

❷ 推測して、確かめる（かまをかける）

この方法は相手に単刀直入に課題を聞くのではなく、かまをかける質問をして課題の有無、真偽を確かめる方法です。

多用されるのが、確認法で「**1点確認なのですが、最近、SFA（営業支援システム）への入力時間に多くを割かれ、顧客訪問件数が落ちて本末転倒になってしまっているという相談を受けるのですが、御社の営業マネジメントに関し、何か課題感はございますか？**」といったフレーズ。

ここで用いる**前振りの他社のネタについては、自社のトップや部門のトップが他社との意見交換で収集したタイムリーなものを共有しておく**など、組織的な動きにすると、営業力の底上げができるようになります。

もちろん、営業部門だけなく、技術部門からの情報が加わればさらに強力になります。

❸取引先、紹介者、仲介者に尋ねる

この方法は直接的ではなく、間接的に営業先の課題を収集する方法です。取引先や紹介者、仲介者に尋ねる方法です。例えば、大規模工場を対象にした商材を営業しているとするなら、**懇意にしている設計事務所やゼネコン、サブコンなどの取引先や紹介者から間接的にお施主様の課題を聞いておく**方法です。

〈 相手の課題を把握するための5つの方法 〉

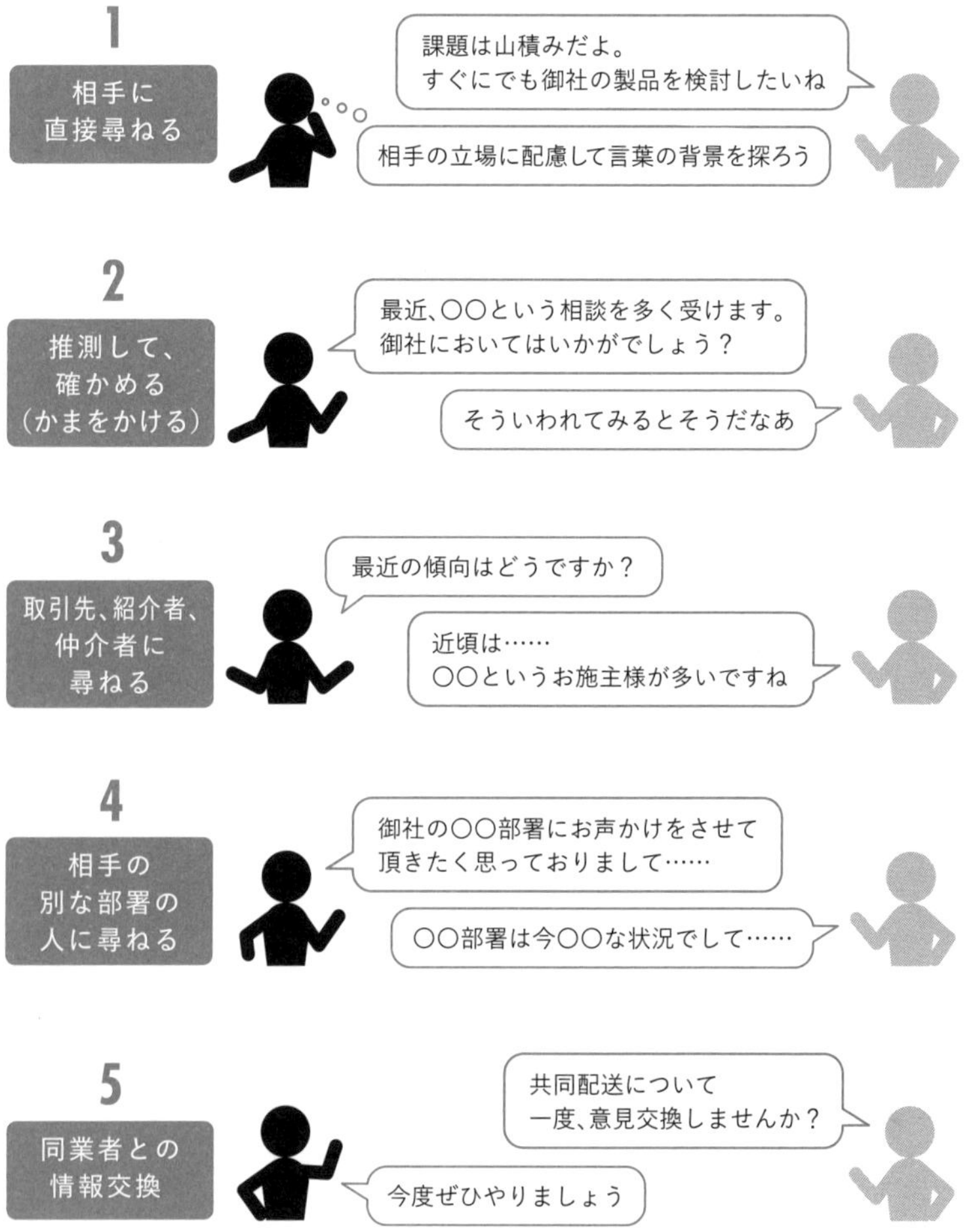

1
相手に
直接尋ねる

課題は山積みだよ。
すぐにでも御社の製品を検討したいね

相手の立場に配慮して言葉の背景を探ろう

2
推測して、
確かめる
(かまをかける)

最近、○○という相談を多く受けます。
御社においてはいかがでしょう?

そういわれてみるとそうだなあ

3
取引先、紹介者、
仲介者に
尋ねる

最近の傾向はどうですか?

近頃は……
○○というお施主様が多いですね

4
相手の
別な部署の
人に尋ねる

御社の○○部署にお声かけをさせて
頂きたく思っておりまして……

○○部署は今○○な状況でして……

5
同業者との
情報交換

共同配送について
一度、意見交換しませんか?

今度ぜひやりましょう

❹相手の別な部署の人に尋ねる

アカウント営業や顧客の窓口部門だけでなく、ユーザー部門や調達部門など複数に部署とやり取りがある場合は、**別な部署の人に尋ねるのも有効な方法**です。不思議なもので自分の部署のことについてはあまり語らないくせに他の部署の課題については雄弁になる人もいますし、逆に自分の部署以外については「コンプライアンス上お話しできません」という人もいます。

❺同業者との情報交換

談合を疑われるような業界では御法度ですが、そういうリスクのない業界やＩＴ業界で大型案件に複数のベンダーでプロジェクトを回している場合など、**ランチの時や打ち上げなどで情報交換になる**場合もあります。また、学生時代の友人やかつての同僚や上司、後輩が転職するなどした、過去の人間関係の中での情報交換の機会で、有益な情報を入手するケースも少なくありません。

8 売れる営業に「すぐ」に変われる「質問のテクニック」7選

❶ オープンクエスチョン

オープンクエスチョンという言葉はすでにこの本で用いてきましたが、何のことはない、**いろいろな回答ができる質問**のことです。

例えば「御社ではテレワークについて、どのように取り組まれましたか?」といった質問は、会話が広がりやすいメリットがある反面、予想していない回答に対応できなくなる可能性や寡黙な人に対しては「特に…」とその場で会話が途切れてしまうといったデメリットがあります。

❷ クローズドクエスチョン

クローズドクエスチョンもすでに紹介しましたが、「Yes」「No」や「A」「B」で回答**できる「御社ではテレワーク率は50%を超えましたか?」といった質問**になります。

これは事実や相手の考えが明確になるメリットがありますが、誘導になってしまったり、繰り返すと尋問調になってしまい商談の空気を白けさせてしまうというデメリットがあります。

❸ストレートな質問

文字通り単刀直入にする質問ですが、白黒ハッキリしたい場面で用います。「ちなみに、来期も継続という理解でよろしいでしょうか？」といったように**「ちなみに〜」という枕詞を用いると聞きやすく、回答もしやすい自然な質問**になります。

また、相手の回答がある程度予測できたり、その回答に対して明確な解決策や何らかのヒントになるような落としどころがある場合にも用いたい方法です。

❹呼び水となるひとネタ後の質問

唐突な質問の印象を与えないように、その質問の前に呼び水となるようなひとネタを入れる質問法になります。例えば、「テレワークの影響で営業訪問が自粛されているせいか、逆にＨＰへの問い合わせが増えているお客様が多いのですが、御社の場合はいかがですか？」といった聞き方。

いきなり「最近、ＨＰへの問い合わせが増えていませんか？」と聞かれた場合より、相手は呼び水があるほうが文脈が明確になるので、回答しやすいということが分かるでしょう。

❺ 婉曲的な質問（遠まわしな質問）

単刀直入に「予算はいくらですか？」と聞いて「そんなこといえるわけないじゃないですか」とシャットアウトされてしまうと、その後も何となく予算に関する質問がしづらくなってしまうものです。

そんなリスクが考えられる場合は、**「予算感は昨年並みという感じでしょうか？　それとも増額される可能性もありますでしょうか？」と遠回しの質問のほうが、何らかのヒントが得られる**場合も少なくありません。

❻ 相手に気づかせる示唆質問

示唆質問というのはニール・ラッカムによって開発されたＳＰＩＮ話法で紹介された質問法です。**今、課題や問題と感じていることが、どのようなトラブルを引き起こす可能性があるか、その重大性に気づいてもらうための質問です。**

例えば、「御社は毎年、２００名程度営業パーソンを採用されていますが、27歳の壁というのでしょうか、20代の後半でその半数が退職してしまうとなると新卒の採用のほうに影響は出てきませんか？」という質問。

今や就活では〝3年後定着率〟は企業選びで重要なＫＰＩとなっていますし、20代の後半で半数が退職というのは何かに問題があるのではないかということを示唆しています。**その問題を一緒に解決していきましょうというのが、この質問の落としどころになります。**

❼相手が必ず「Yes」と答える質問を数回続ける

この方法はBtoC、つまりは個人に対する営業で昔から使われているテクニックです。**あえて相手が「Yes」と答える質問を続けて、最後のクロージングでも「Yes」といいやすくする**方法になります。その気にさせて、その気にさせて、一気にクロージングというわけです。

逆に顧客のほうは、その時はついつい舞い上がってしまって「Yes」といってしまったけれど、翌朝になって冷静になってみると「やっぱり不要だった」ということが起こるので、消費者保護の観点からクーリングオフの制度も生まれました。

そういう意味では、こうしたテクニックはやはり効果があるのです。

9 製品紹介の勝利のセオリー

第2章の営業準備で紹介した営業トークを展開するのがこの場面です。4Pの切り口で分析した自社製品やサービス、ソリューションの紹介というより、アピールの意識のほうが訴求力は高まります。

製品やサービス単独で紹介するより、今抱えている課題に対して、いかに自社製品が役立てるかというベネフィット訴求が可能であれば、まず、そのアプローチを選択するようにしましょう。**自社商材を通して相手がどのような恩恵を得るのかをできるだけリアルに表現するのが、製品紹介の勝利のセオリーになります。**

さらに次のいずれかの要件があれば、アピール度を増すことが可能になります。

❶相手にとって魅力的な機能、ソリューション

製品紹介をする際に一般論と相手の状況は区別して、相手にとって魅力的な機能、ソリューションから順番に紹介するようにしましょう。

それが営業ツールの12ページ目に記載されていたならば、12ページ目からスタートするのが売れる営業の方法になります。「相手にとって」魅力的、重要なものから解説するという大

原則を忘れないように。

この章の「商談の流れ」で解説してきたように、この製品紹介の前に相手の課題をヒアリングしていることが大前提になりますので、そこで得た相手の課題について、自社製品がいかに役立てるかをアピールするのが鉄則です。

❷「シェア1位」

もし、自社製品がトータルでシェア1位であったり、何かのカテゴリーでシェア1位だとしたら、まずはそこを最初にアピールしてください。トータルでは3位であっても、「プレミアムビールのカテゴリーでは1位」「集合住宅のカテゴリーでは1位」「九州地区では1位」といったように**相手が入っているカテゴリーで1位であれば、必ずアドバンテージになる**ので、使わない手はありません。

❸「No．1」企業が採用

そもそも、シェアといった指標ではカウントできない商材も山のようにあります。そうした場合、**誰もが知っている企業や業界に影響力がある企業や団体が採用している場合は、アピールのポイントになります。**

もちろん、採用した企業の許可が必要になりますが、開示の許可が出た場合は積極的に利用しましょう。

❹ 相手の同業他社が採用

他社事例というのは、**自社の同業界が一番気になるところ**ですし、できれば自社と同規模か自社以上の導入事例があると、製品紹介の場面では相手の興味を惹く強いカードになります。

❺ 価格優位性がある

機能特性、性能、品質が同程度の場合は価格で差別化するのは難しい場合が多いですが、もし**価格優位性があるなら、そこは全面的にアピールしたい**ポイントになります。

その際、「安かろう、悪かろう」という疑念を与えたくないので、**価格優位性を実現できた背景を説明する**準備をしておきたいものです。

この他にも、製品紹介の際、相手が聞きたいテーマに詳しかったり、相手が興味を持っている分野の情報があると、アドバンテージになるので、どんどんそのカードを使っていきましょう。

10 相手を話しやすくする「6つの相槌」のコツ

相槌というのは、時に言葉よりも強力なコミュニケーションツールになります。なぜなら**タイミングの良い相槌というのは、相手を話しやすくする**からです。

ここで相槌が重要になる6場面について、例を示しておきますので、「これが自分の相槌パターン」というものを整理して、実践で使えるように磨き込んでおいてください。

❶ 同意を示す

まずは同意を示すパターンですが、これが「はい」「はい」「はい」と同じ言い方を繰り返してしまうと、どこか稚拙な印象を与えてしまいます。ここは**「はい」「ええ」「なるほど」と3つ以上の言い回しを組み合わせて変化をつける**ようにしましょう。

念のため「なるほどですね」という返答はあまりお勧めできません。口癖になってしまっているならば、「**なるほど、そうなんですね**」という正しい日本語に修正するのも一つの方法です。

❷ 強い同意を示す

ここでは「はい」「ええ」「なるほど」といった同意とは区別して、強い同意を示すあなたなりの相槌パターンを用意しておいて欲しいと思います。例えばフレーズだけではなく、**「おっしゃる通りです」といいつつ、ゆっくり頷きながら目をつむってみたりするジャスチャーを加えると**、相手には、より強く同意してくれていると映ります。

❸ 話に食いつく

さらに相手の話に興味を持ったら**「私は今、あなたの話に食いつきました」ということが相手に分かるようなリアクション**が営業のコミュニケーションでは必要になります。**「え、それ、すごいですね」「はあー、そういうところ、さすがですね」**といったレスポンスを準備しておきましょう。

❹ 話を深掘りする

話の深掘りといった言葉はこれまでも紹介してきましたが、**自分が深掘り質問をする際の**

常套句を決めてしまい、パターン化すると板についてくるものです。**「その原因というのは、どの辺りに…」といったフレーズを口癖にしてしまう**のがお勧めです。

❺ 聞き返す

そう頻繁には起こらないかもしれませんが、メモに集中するあまり相手の話したことを聞き逃してしまったり、相手が早口過ぎたり、口ごもったり、**何かの拍子に聞き逃してしまった時は、必ず聞き返しましょう。**

これは失礼なことではありませんし、後で気になるものなので、やり過ごすのは厳禁です。「はい?」「いま、おっしゃったのは…」と聞けば済むことですし、ノートを一瞥して「いかにもメモしたので…」とジェスチャーで示す手もあります。

❻ 受け流す

これもたまにあるパターンで、こちらがあまりに持ち上げられてしまったり、逆に相手が卑下し過ぎている場合など、**「いえいえ」とか「何をおっしゃいますやら」とかで受け流すのが自然な礼儀**となりますので、その準備もしておきましょう。

第5章

売れるオンライン商談（リモート商談）と電話による商談

STEP 1

オンライン商談でつまずきやすい8つの場面

コロナ禍の中、瞬く間に広がったオンライン商談ですが、相手の反応が分かりにくかったり、新規の場合はそもそも名刺交換ができなかったりと対面営業と比較してしまうとやりにくいこと満載です。ですので、ここでは**オンライン商談を上手に使いこなし、成果に直結させる細かな方法**を紹介したいと思います。まずは、STEP1でオンライン商談でつまずきやすい8つの場面を紹介して、STEP2でその解決策について解説していきます。

1 人間関係が作りにくい

現象

すでに人間関係がある場合はいいとして、初めて商談する相手の場合はオンラインでは名刺交換すらできませんし、相手が複数の場合は誰が上司なのか、誰がキーパーソンなのかすら分かりません。対面営業であれば、会社の雰囲気や相手を観察して人間関係構築するための気の利いた雑談ネタを振ったり、場の空気を感じとって人間関係を縮めるような対応をしますが、雰囲気のコントロールもオンラインでは簡単にできません。

2 一方的な説明に終始してしまう

リアルな商談であっても、相手の反応を気にせず一方的な説明に終始してしまう新人や若手営業パーソンはいます。しかし、オンライン商談となると、普段はそうではない人まで、相手の関心を喚起できているのかが分からないので、ついつい一方的な営業ツールや提案書の説明になりやすいものです。

3 相手の反応が分かりにくい

リアル商談は相手の反応でその温度感を肌で感じることできますが、オンラインではとに

かく難しい。相手の表情もつかみづらいので、**①営業トークが刺さっているのか、②関心が深まったのか、③理解しているのか、④脈があるのか、⑤本音はどうなのか、ということの判断がつきにくくなってしまいます。**

さらにはオンライン環境を安定させるため、データ容量を食わないように相手がカメラをオフにしたままなら、顔も見えず、ますます商談が進めにくくなります。顔出しも強制できませんし、商談の冒頭「回線の容量の関係で、ビデオはオフにさせて頂きます」とかいわれてしまうと、なおさらです。

4 画面共有ができなかった…

画面を共有しながら、商談を進めようとしていたつもりが、ネットワーク環境や何かの拍子に画面共有ができないケースも起こります。そもそも、仕様書や図面、設計図といったパソコンやタブレットのディスプレイには大きすぎて画面共有に向かないものもありますし、相手がスマホの場合は画面共有では文字が読めない場合もあるでしょう。

5 相手の声がよく聞こえない（相手の人数、場所、オンライン環境）

人数、場所、オンライン環境によって**相手の声がよく聞こえないケースも頻発する**ものです。相手が同じ会議室で複数名いてマイクスピーカーを使用しているとハウリングが起こってしまう場合もありますし。ハウリング対策として「設定で、〝コンピューターオーディオから退出〟にしてください」とは正直、いいづらいものです。

6 同時に話し始めてしまうのが気まずい

リアルな商談や日常的なコミュニケーションでも、相手と同時に話し始めてしまうことはありますが、**「話す番」「聞く番」の暗黙の了解が取れない**ため、とにかくオンライン商談では桁違いにそうした場面が頻発します。

7 対話とメモのバランスが取りづらい

対話に集中するとメモが飛び、メモに集中してほんの少し長く会話が途切れてしまうと、「接続障害」と誤解されてしまったりすることも起こります。

8 作戦会議ができない

現象

自社側が複数名で、各自テレワークでオンライン商談に臨む場合、その質問に誰が対応するかなど、リアル商談では目配せや小声で促すといった内輪の作戦会議的なことが難しくなったという声もあります。

〈 オンライン商談でつまずきやすい8つ 〉

1	人間関係が作りにくい
2	一方的な説明に終始してしまう
3	相手の反応が分かりにくい
4	画面共有ができなかった…
5	相手の声がよく聞こえない
6	同時に話し始めてしまうのが気まずい
7	対話とメモのバランスが取りづらい
8	作戦会議ができない

STEP 2

「売れる営業力」養成講座 オンライン商談編

1 「人間関係が作りにくい」への対処

❶「2分の法則」で人間関係を構築する

対面での商談もそうですが、特にオンラインでは、「さっそくですが…」などと商談の開始早々に本題に入らないこと。**絶対に初っぱなから商品説明を始めてはいけません。**

それだけで営業に不慣れな印象を与えてしまいますし、案件化率も受注率も最低になってしまうからです。

必ず最初の約2分は商談の場作りのために使うという意識を持ちましょう。それを「2分の法則」と呼んでおきます。商談の成否は「最初の2分で決まる」といったら、いい過ぎですが、最初の「場作り」はそれに近い重要度があります。

肝心なのは、その2分をどう使うかですが、オンラインの場合はリアル商談での雑談とはちょっと異なるニュアンスになります。

既存顧客には、

1. 共通の話題（関係する話題）
2. 相手のプラスになるであろう情報
3. 相手の会社や業界について「よく知っている」と評価されそうな情報
4. 相手が興味、関心を示しそうなネタ
5. 時事ネタと今日のメインの話の接点ネタ

などから選択するといいでしょう。

❷ 新商談の場合は自己紹介からスタートする

逆に初めての顧客の場合は、お互いの簡単な自己紹介から始めることをお勧めします。

オンライン画面の背景に名刺の内容を映している場合であっても、名刺交換ではないので、相手の印象に残る自己紹介を行ったほうが効果があります。

その際のコツですが、営業パーソンは自己紹介というより、**「自分プレゼン」の意識で臨む**ほうが相手の印象には残ります。

2 「一方的な説明に終始してしまう」への対処

❶ 「呼び水話法」で相手に話をさせる

よほどの商品力のある商材でない限りは、一方的な説明では案件化率も受注率も間違いなく低迷するに違いありません。なぜなら**営業は「話すこと」ではなく「聞くこと」**だからです。しかも案件化率の高さは、商談中の相手とのやり取りの回数と比例するものです。

ですから、**ただでさえ一方的になりやすいオンライン商談では、意図的に相手に話をしてもらう工夫が不可欠**なのです。そのためにお勧めなのが、相手に話をさせる「呼び水話法」です。ここで、代表的なものを紹介しておきましょう。

(1)―状況質問

何かを**解説、説明した直後に「現状、御社はどのような〜」**と自社の現状をヒアリングする質問を投げます。

(2)―関連質問

〈「呼び水話法」で一方的な説明を回避する〉

状況質問
当社の商品の特徴はこのようなものです。
現状御社では○○において
どのように対応されていますか？

関連質問
他社ではこのようなBefore afterの例がありました。
これを踏まえて、御社の場合ですと……

ここだけの話
自社製品について、
実はここだけの話なのですが……

事例を話したり、他社の課題や他社の「Before After」などを**話した直後に「御社の場合ですと〜」**と、その内容と関連する質問する方法です。

(3)━示唆質問

SPIN話法で紹介しましたが、現状で好ましくない事象がある場合、**「その納期遅れによって、実際にどんな問題が〜」と、それがどんな重大な問題を引き起こすかを問う**質問になります。

(4)━事例

事例を紹介すること自体が、相手の興味・関心を喚起することになるので、**相手の現状に近い事例を選んで紹介**すると自然に相手からの質問やコメントが出やすくなります。できれば、一方的に紹介するのではなく、途中で、何らかの状況質問、関連質問、示唆質問を織り交ぜるのが理想です。

⑸ ―ここだけの話、耳より情報

多くの営業パーソンがやる方法ですが、「**ここだけの話**」と断った上で、耳よりな情報を、〝**あなただけに**〟**というスペシャル感**を演出しながら話すのも相手のリアクションが出やすくなるので、「呼び水トーク」としては有効です。

❷ 「ブツ切り話法」なら相手は話しやすくなる

これは、昔からあるアウトバウンド系（発信業務）のコールセンター絡みのノウハウの応用になりますが、とにかく、センテンスを短く区切って、「ブツ切り」にして話す方法です。当たり前といえば当たり前なのですが、**センテンスを短く区切ると相手には聞きやすい**のです。間が多くできるので**相手も口を挟みやすくなりますし**、自然に一方的感は解消されます。

❸ オープンクエスチョン「何か質問ありませんか？」の自粛という作法

ついついやりがちなのが、「何か質問ありませんか?」というオープンクエスチョン。

実は、**オンライン商談で「何か質問ありませんか?」と聞きたくなる場面では、Yes or NoやA or Bで回答できるクローズドクエスチョンのほうが相手が回答しやすい分だけ有効**になります。

オープンクエスチョンは「関連質問」に限定するなど、何らかの制約を設けて行うようにしましょう。

3 「相手の反応が分かりにくい」への対処

とにかくオンライン商談で、最も厄介なのが「相手の反応が分かりにくい」こと。**オンライン商談の最大のネック**に違いありません。そこで、ここではそのネックに挑むために、5つの方法を紹介しておきます。

❶ 思わず相手が話し出してしまう「呼びかけ話法」

「呼びかけ話法」というのは、オンライン商談中に**相手の役職や苗字を連呼しつつ、個別に**

呼びかけながら商談を進める方法です。熟練していれば、その上に「MC話法」といってテレビのワイドショーのMC（司会者）が、コメンテーターやゲストの名を次々に指名して会話を回すように、参加者にコメントを求める方法もありますが、主導権を取らないと成立しないので「呼びかけ話法」のほうが無難です。

実は私がこの「呼びかけ話法」に初めて触れたのは、リクルートの新人時代です。当時、「営業の天才」といわれていた先輩や他部門のトップセールスの先輩に同行させてもらって気づいたのですが、そういう人たちがみな**相手を役職で呼び、必要以上に連呼**しているように感じたのです。

「〇〇部長の課題感としては～」「〇〇課長、この2つ目の特長については、ご理解頂けましたでしょうか？」「〇〇主任、一面で操作ができるメリットって現場のみなさんはどうお感じになりますでしょうか？」と個々に呼びかけて反応を確認していたのです。それを模倣するようになって、すぐにその威力を実感しました。

人は名指しされると、脊髄反射的に反応してしまう生き物です。

この特性をオンライン商談に活かさない手はありません。ぜひ、明日から顧客を役職名、

〈「呼びかけ話法」「例えば話法」で相手の反応を読む〉

呼びかけ話法

……というメリットがあります。
○○課長、
この２つ目の特長については
ご理解頂けましたでしょうか？

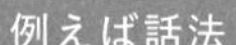

PC

このＳＦＡ（営業支援システム）では
このようことが可能です。
○○主任、
例えばこのシステムを導入するとなると
現場ではどのような障害が出てきそうですか？

もしくは苗字で連呼して、反応を確かめてください。

❷「例えば話法」を使えば相手の反応が分かる

相手の反応が分かりにくい場面では、あえて「例えば、御社がこのＳＦＡ（営業支援システム）の導入を検討するとしたら、まずは何が障害となりそうでしょうか？」とか、**「例えば〜」で反応が出やすい前提を作ってしまう**のが有効です。

この方法と①の「呼びかけ話法」を組み合わせて用いるのもお勧めです。

❸ 相手の反応を増幅させる「ペルソナメソッド」を習得する

ペルソナメソッドを推奨し始めて20年程度になりますが、元々はオンライン商談用のメソッドではありませんでした。

「ペルソナ」とはパーソナリティーの語源にもなっていますが、元々は古代劇の「仮面」の意味だそうです。つまりペルソナメソッドというのは、**営業の時は〝素のままの自分〟ではなく、他のキャラを演じましょう**ということです。

素の自分なら「こっ恥ずかしい」「何かわざとらしくてイヤ」と感じることであっても、「売れる営業パーソンの役柄を演じるのだから」と割り切ってしまえば、できるようになるという発想です。

私が営業に向き、不向きはないと主張している背景には、このメソッドの効果を実感してきたという事実があるのです。

さて、ではこのペルソナメソッドをオンライン商談でどのように活用すればいいのでしょうか。端的にいえば、**相手の反応が増幅されて判別しやすくなるように、わざとらしく演じよう**ということです。ここで重要なのは、キレ味のいい営業は常にわざとらしいくらいの演出があります。それを模倣して欲しいのです。

実際には簡単なことです。**オンライン商談では表情はいつもの1・25倍から1・5倍くらい盛って欲しい。**それには、わざとらしくするのが一番やりやすいのです。具体的には最初だけでいいので、ビックスマイル、笑顔が苦手な人は歯を見せるようにしましょう。

ジェスチャーもいつもより、大きく、大げさに。声もいつもより大きく、1・25倍を目安にしてください。これもコールセンターのノウハウですが、声は大きくするより、「前に出す」イメージにするほうがいいかもしれません。

そして最後は**テンションですが、これも1オクターブアップ程度アップ**してハイテンションにするといいでしょう。

こうしたペルソナメソッドによって相手もつられるので、反応が増幅されて判別しやすくなるのです。

❹「アンカー話法」で相手の反応を確かめる

ご存じのように「アンカー」は船を一定の場所に留めておくための道具ですが、同じように相手が分かりにくくならないように、あえてこのフレーズやキーワードを投げれば**相手の反応が釘付けになるようなキラートークを投げる**ことです。

⑤「マグネット話法」で相手を食いつかせる

基本的にはアンカー話法と同じですが、こちらは磁石のマグネットですので、**あえて最初から相手が食いついてくるネタを投げて、**反応を確かめる必要のない状況を作り出そうとする方法になります。

4 「画面共有ができなかった…」への対処

これはもう「作法」といい切ってしまいたいのですが、後始末ならぬ「前始末」で最悪の場合に備えてあらかじめ手を打っておくことです。

具体的には**事前に共有する予定の資料をメールしておき、共有のタイミングで共有できないハプニングが起こっても、そのままオンライン商談を進められるようにしておく**のです。

特にその商談でメインになるページや図面、設計図の該当部分を伝えておくのもいいですが、これは当日、チャットなどで告知してもいいでしょう。

5 「相手の声がよく聞こえない（相手の人数、場所、オンライン環境）」への対処

これは、オンライン商談上のマナーと割り切ってしまって、**商談が始める前にお互いの「マイクテスト」をルーティン化してしまう**のがベストです。

これは、例の「2分の法則」の冒頭でやってしまうのがいいでしょう。「私の声、クリアに聞こえてますでしょうか?」とこちら側から確認して、相手側の確認に移る段取りで。

同じ会議室に複数名いてマイクスピーカーを利用する際でも、設定によってはハウリングを起こしますので、その際は初めての人に対しても遠慮せずに、今、起きている現象を伝えましょう。

対処法が分かるなら、「設定を、〝コンピューターオーディオから退出〟にされていますでしょうか」とか声をかけます。

環境によっては音声がブツ、ブツと途切れやすくて対処のしようもないこともありますが、その際でも最初に「お声が聞こえにくいのですが…」と伝えるべきです。イヤホンマイクのマイクを近づけて話して頂くだけで、改善することも多いです。

ついでに、相手がビデオオフ、カメラオフにされている場合、あえてそうしている人もいれば、設定で自動的にオフになっていて、気づかない人もいますので、1回は「もしかしてカメラオフになっていますが…」と婉曲的に聞いてみるのもアリです。

会社によっては通信環境を安定させるために、あえてビデオオフでオンラインミーティングを行う会社もあって、ビデオオフが癖になってしまっているケースもあるからです。

しかし、事情があってビデオオフにしているであろう場合は、ここで紹介した相手の反応が分かる方法を展開するのがスマートな対処法だと思います。

6 「同時に話し始めてしまうのが気まずい」ことへの対処

基本、気にせずに、オンライン商談はそういうものだと割り切ってしまうのが正解です。なぜなら、同時に話し始めてしまうのは、むしろいいことで相手に聞きたいこと、話したいことがある証だからです。

そうはいっても対処策が知りたい人のためには〝「マイターン」「ユアターン」話法〟をお勧めします。

「マイターン」「ユアターン」は「私の番」「あなたの番」という意味ですが、よく戦争映画やテレビの番組で無線やトランシーバーで応答しているシーンで「○○○どうぞ」とか、洋画では「○○○オーバー」というシーンがあります。その「○○○どうぞ」の「どうぞ」の箇所で間を取るようにする話法のことです。

もちろん、**「どうぞ」は口には出しません。その間を意識するだけ**で、同時に話し始めてしまう現象はかなり減ります。

7 「対話とメモのバランスが取りづらい」ことへの対処

対話に集中するとメモが飛び、メモに集中すると「接続障害」と誤解されてしまったりもしますが、**メモはいつもの内容を記録するスタンスですが、いつもより大きめな字、に加え、乱雑覚悟で臨む**のがいいでしょう。

走り書き、なぐり書き覚悟でメモするとして、オンライン商談直後に**5分以内の振り返りの時間**を設けて、自分でも読めないほどの箇所は赤ペンチェックして訂正しておけばすむ話です。商談直後であれば、記憶も鮮明ですので、該当箇所はすぐに思い出せるはずです。

そうした振り返りや次のアクションの段取りもあるので、**オンライン商談の時間は40分にすることがお勧め**です。いろいろなパターンでやってみて、60分では長い、30分では短いと感じたのが率直なところです。

40分刻みだと1日の商談数も多くなるので、合理的な時間であるはずです。

8 「作戦会議ができない」ことへの対処

自社側が複数名で、各自テレワークでオンライン商談に臨む場合で、どうしても作戦会議が必要な場合は、別途、**オンライン商談とは別にチャットを立ち上げ、誰がどう回答するかなどは、そのチャットでやり取りする**方法があります。

ただし、この方法はみながチャットに慣れていて、かなりなスピードでやり取りできることが前提となりますので、デジタルネイティブではない世代には不向きかもしれません。

その場合は、あらかじめ、やんわりと各自の役割分担を決めておいて、その範囲内で対応し、その範囲外の質問が出た時には自社側司会役の判断にする、というルールにしておくのがいいでしょう。

STEP 3

「売れる営業力」養成講座
電話による商談編

1 電話商談の基礎知識

ここでは「電話営業」に絞って、基本的な内容を共有していきたいと思います。

❶ コスト的に電話営業中心の業界も

これはB to Cの業界に多いのですが、客単価が数十万円レベルの商材の場合、営業パーソンに訪問させるとコストが合わなくなるので、最初から「電話営業」がメインの営業手段という企業は昔からありました。

インターネット以前は新聞や情報誌に広告を出して、その商材に興味を持っているリード（見込み客）を集めていました。そのリードに対して電話で営業をかけて、プレゼンからクロージングまで行います。かつてはレスポンス広告などとも呼ばれましたが、レスポンス単価、受注単価やＫＰＩやコンバージョンといった考え方はネット社会となった現在にも引き継がれています。

❷ルートセールでも電話による商談が当たり前

ＢtoＢのルートセールスでも業界によっては、メールや対面営業より実質的に電話によるやり取りが商談のメインツールになっている業界もあります。

注文やその前の在庫確認や見積依頼、技術的な質問まで電話で済まそうとするのは、何といっても、その即時性と効率です。

訪問営業にもオンライン商談にも事前に相手の同意と約束が必要ですが、基本的に電話には不要ですから、既存の顧客に対しては効率がいいのです。

❸インサイドセールスでもメールより電話が効果的

第1章でインサイドセールスとフィールドセールスについて触れましたが、現在ではＷｅｂサイトやネット広告、ＳＮＳ広告などを用いて集めたリードに対しメールや電話でアプローチするのが一般的となりました。

興味・関心の度合いの確認と、それを高めるのがインサイドセールスの役割・責任になります。今、「メールや電話でアプローチして…」と書いたものの、**商談化、受注につなげるためにはメールよる電話のほうが有効です、しかも圧倒的に。**

④ オンライン商談より電話による商談を好む人もいる

カメラ付パソコン、タブレット、スマホといった所有している端末や業界特性から、そもそもオンライン商談に向かない、あるいは「できない」業種や企業、あるいはお客様、個人も少なからず存在しています。

あるいは、オンラインツールに慣れないお客様もいますし、オンライン商談より慣れた電話による商談で十分というお客様もいますので、**相手が1人なら電話も有効な選択**であるという認識を持っておきましょう。

2 電話商談のコツ7選

電話営業で「すぐ」に成果を出すにはちょっとしたコツがありますので、ここで共有しておきましょう。

❶ 電話タイムマネジメント

(1)―月、週、日の中で、いつ電話するのが一番効果的かを押さえる

自分のスケジュールに合わせて電話したいものですが、相手が不在の確率の高い時間に電話を架けるのは単なる時間の無駄です。相手の携帯電話の番号を知っているからといって、自分の都合で電話しても留守電になっていることも少なくないでしょう。

電話のゴールデンタイムは朝と夕方と昔からいわれていますが、**できれば業界別、企業別に月の上旬、下旬、中旬、週の何曜日、そして何時頃が一番に電話に出やすいのかをヒアリング**しておき、全体的な傾向をつかんでおきましょう。

(2)―ルートセールスは電話する時間を決めておく(定期連絡化)

ルートセールスの場合は、相手の都合の良い時間帯と良くない時間帯、繁忙期や閑散期を年次、月次、週次レベルであらかじめヒアリングしておいて、**電話するタイミングを決めておく**ことをお勧めします。

定期連絡というのは意外に効果があって、継続取引につながりやすいですし、何より競合企業に対する有効な防御策にもなります。

(3)―長電話にならないように電話の時間も決めておく

よく取引先との電話に20分も30分もかける営業パーソンがいますが、よく話を聞いてみると同じことを繰り返したり、端的に伝えられることを延々説明したり、書類で分かることに確認の質問をしていたり生産性の低さが目に余ります。

長電話を「仕事をしてる」と勘違いしてはいけません。

とにかく電話というのは相手の時間を奪うものでもあるので、特に長電話とならないように電話の時間は上限を5分などと決めておきたいものです。

もちろん、新規の顧客に電話でプレゼン、クロージングまで行うなら20分、30分になっても構いませんが、既存の得意先に対しての長電話は慎みましょう。

❷ スクリプト×雰囲気で成果が決まる（丁寧な雰囲気、ソフトな雰囲気）

これは、新規の電話営業に限った話になりますが、その成果は**スクリプトと電話の雰囲気、つまりは丁寧な雰囲気とかソフトな雰囲気などの掛け算で決まる**という事実を知っておいてください。

スクリプトに関しては第3章のアプローチトークの箇所で紹介した通りですが、それによって10倍以上のアポイント獲得率の差が出ます。

ところが、**同じスクリプトであっても話者の話す雰囲気、対応する雰囲気によって、これまたアポイント獲得率には大きな差を生み出します**。

この人、毎日、コールセンターでアウトバウンドでテレアポしているのだろうな、という人はプロっぽく染みついた営業独特の声やトーンで話してしまうので、逆に警戒されて拒絶されてしまうのです。

逆に達人レベルの人は極めて普通で、いわゆる専業主婦みたいな普通のオバさんが申し訳なさそうに電話をしてる風だったりします。

これ、先ほどのペルソナの法則のなせる技です。

てっとり早いのは、近くにいるアポ獲得率の高い人の雰囲気、口調を模倣してみることです。

❸ ゆっくりめ、大きめに話す

〈 電話商談で成果を出すコツ7選 〉

これは脈々と続く、電話営業の基本中の基本になりますが、**とにかく「ゆっくりめ」に話す**ことと、いつもより大きめな声で話すようにしましょう。

その理由はもちろん、そのほうが相手にとっては聞きやすいからです。

早口な人は最初だけでいいので、「ゆっくり」と話すこと。慣れるまでは「ゆっくり話す」というメモ書きを目の前に貼っておくのが効果的です。

❹ ブツ切りに話す

オンライン商談で、センテンスを区切って話す「ブツ切り話法」を紹介しましたが、元々はコールセンターや電話による営業をメインとする企業で、社員育成のために用いられた技術になります。

オンライン商談では対面での商談よりも、短く区切って話すようにしましょう。テレアポのスクリプトで「／」の箇所で間を取ると解説した「／」のことです。

話す側としては、たどたどしくなってしまうのではないかという不安もあるかもしれませんが、逆に相手には聞きやすくなるので、練習がてらスマホやタブレットに録画して、自分で聞いてみてください。

❺「呼び水話法」を用いる

電話による営業の極意は「とにかく相手に長く話をさせる」こと。そのために「質問」というコミュニケーションの様式を用いるわけですが、リアル商談以上に唐突な質問はその場の雰囲気を台なしにしてしまうものです。

電話ではお互いの表情が分からないので、相手は声のトーンや雰囲気、話の内容でその電話に付き合うのか、うさん臭いので切るのかを決めます。ですから、「質問」には細心の注意が必要になるのですが、その際には「呼び水話法」が強力な武器となります。

すでにオンライン商談（202ページ）で解説した「呼び水話法」と同じで、**「呼び水」となる前振りをした後に状況質問、関連質問、示唆質問に展開する方法が効果的**です。

「呼び水」例としては、耳より情報、相手が共感しやすい事例などを用います。

❻「確認法」が有効

「確認法」はリアル商談、オンライン商談でも主流となっている方法で、すでに解説(174ページ)しましたが、特に電話では威力を発揮します。

まったく人間関係も信頼関係もない初めての相手に電話を架ける際には、例の超文脈言語の日本語では、ストレートな質問は、それだけで「ぶしつけ」な印象を与えてしまうリスクが高いのです。

しかしながら、**「1点確認させて頂きたいのですが〜」というワンフレーズを加えるだけで丁寧な印象になる**ことがお分かりでしょう。

また、**「○○という理解でよろしいでしょうか?」**とあえて確認するのも、本当は失礼な売り込み電話の「失礼さ」を軽減する効果があります。

❼マインドセット

いわゆる売り込み電話、アポ取り電話は、自分の気持ちに後ろめたさのような「負の感情」があるとうまくいかなくなるものです。

買うかどうかを決めるのは相手です。ホントはもっと良い商品があったとしても、もっと安価な商品があったとしても、判断するのはあなたではなく相手です。

もっというと、相手はあなたからの情報提供によって人生が好転するチャンスをつかむかもしれません。そういう意味で **「自分は相手の役に立つ仕事をしている」という自己暗示をかける** ことです。

究極をいえば、電話による営業は「あなたから買いたい人」を探す行為です。あなた自身が商品なのですから、後ろめたさなど感じてはなりません。自己暗示でいいのです。**それが成果を上げている人に共通するマインドセット** なのですから。

第6章

お客様は「どのような提案」を求めているのか？

STEP 1 つまずきやすい場面への一問一答

～営業パーソンの生の声へのアドバイス～

1 見積提出に時間がかかる（積算に時間）

短答

まずは、大原則から。営業が見積る場合でも、技術や積算部門が見積る場合でも「できるだけ早く」が基本です。

しかしながら、技術部門や積算部門の人員が削減されていたり、繁忙期の引き合いが多すぎてオーバーフローしてしまっていたり、そもそも仕様や技術的なところにリスクがあるなどの事情があって、顧客から「遅い」と思われてしまっているケースもあるでしょう。「見積提出に時間がかかる」状況を放っておいては、よほどの競争力がない限りは勝率を落としてしまいますので、全社横断的に対策を講じる必要があります。

つまりは、個人的なこともさることながら、見積積算の業務フローの見直しの中でボトルネックをあぶり出し、その解消に組織として動くのが第一義になります。

問題はそれを「誰がやるのか」です。営業と積算部門の部門をまたぐテーマなので、トップダウンの号令がないとなかなか進まないという現実もあります。そもそも**見積積算はAIに置き換えやすい**業務なので、今後10年程度で大きなイノベーションを迎えるでしょう。

そのために、今から個人でも、組織でも「仕組み」として「どう見積・積算にかかる時間を半減、1／4にしていくか」という発想を持ってプロジェクト化して欲しいと思います。

営業として「できる」ところから考えると、**どうすれば現状の見積・積算時間が半減できるかという業務フローのたたき台を作って、関係者の知恵を集めて前に進める**動きをしてみてはどうでしょうか。

2 サービス紹介がほとんどで解決策の提案になっていない

短答

「なんちゃって提案書」といったらいい過ぎかもしれませんが、顧客型から見ると「えっ、これ、あなたの売りたい商材のPRですよねぇ」という代物を「提案書」と呼んでしまっていることも散見されます。

確かに広義の提案書には違いないですし、それで受注ができるなら文句はありませんが、顧客のお困りごとや課題に対する解決策を明確に提案しているホンモノのほうが強いのは明白です。

もちろん、月100万円かかっているコストが20％削減できるなら、それは提案になりますが、応募があるかどうか分からない求人サイトへの出稿に関してはホンモノの提案かどうかで差が出ます。

とにかく成果の上がる提案書を名乗るには「解決策」や「新しい切り口」「新しいアイデア」が盛り込まれていること、相手にとっての「プラス」があること、を前提にするようにしましょう。

「簡単に解決策が明示できない」業界もあるでしょう。

その場合は、取るに足りないような微細なことでも構いません。とにかくお困りごと、課題、問題、不満まではいかないけれど満足はしていない事柄に対し、解決策もしくは解決に近づける可能性のある提案を盛り込みたいものです。

3 資料作りに時間がかかる

短答 **資料作りの時短には、すでに確立された正攻法があります。**ここではその3つを共有しておきます。

❶ 資料作成時間をあらかじめ決める

マイペースで資料作成をしてはいけません。まずは、その資料作成に要する時間を見積り、60分や90分などの時間を決めます。

その締切時間が来て、半分しか終わっていなかったら、いったんそこで終了し、次の予定に移ります。**終わらなかった部分を完成させるための時間は振り分け直す**のが生産性の高い人のやり方です。

作業時間を時計やスマホのタイマーの機能で記録していくとレコーディングダイエットのようにどんどん作業が早くなるといわれていますので、試してみてください。

❷ 資料はゼロから作らない

まっさらな画面にコンテンツの項目を書くのはいいとして、できるだけすでにある資料や提案書のテンプレートをたたき台として利用するようにしましょう。

心臓部のキラーコンテンツ以外はコピペを最大限利用するのです。

そういう意味では、資料を作るというより、資料を「組み立てる」という意識を持った方がいいかもしれません。

❸ 模倣する

先輩社員、同僚でも構いませんので、**勝った提案書を集めておいて、それぞれのパーツを見本、手本にして模倣する**やり方が伝統的な方法になります。

もちろんネットから仕入れたチャートでもいいでしょうし、プレゼンのデザイン集のような書籍や雑誌もお勧めです。

STEP 2

「売れる営業力」養成講座 提案編

1 提案書作成の手順

提案書作成手順というのは、各社や各部門で伝統的な手法があるかもしれませんが、そうした手法がない組織の方のために お勧めの方法をここで紹介しておきます。

❶ イメージを膨らます

まずは「どんなイメージの提案にするか」というザックリとした全体感を描きましょう。「顧客の優先順位」「どんなコンセプトにするか」「どんな流れにするか」といった切り口であれこれ拡散的に考えるのがコツです。

「あーでもない」「こうでもない」でいいのです。

顧客の優先順位については、訪問時のメモや議事録、面談時の記憶をたどりながら繰り返し強調したことや、相手が熱量を込めていたこと、質問への回答を元にしながら紐解いていきましょう。

この拡散思考を経ない提案というのは、熟成度が足りないため、相手にとって魅力や決め手に欠ける提案になりやすいので、あれこれと考えてみることが重要になるのです。

イメージを膨らます具体的な方法としては、ブレストやひとりブレスト、箇条書き、マインドマップ、図解、チャート作りなどがありますが、自分のやりやすいやり方で進めてください。フワッと「全体的にこんな感じ」になるように。

❷ 顧客の優先順位と売りたい商材とのチューニング

これは、前工程のイメージを膨らますプロセスに含めても構いませんが、顧客の優先順位と営業として顧客に推奨したい商材とのすり合わせをしておきましょう。

提案でありがちなのが、顧客が解決したい問題や期待していることと、自社が提案しようとしている製品やソリューションがズレているケースです。

提案書は〝相手が抱えている課題への解決策をプレゼンするツール〟であって、商材をPRするための営業ツールではありません。

そのことを承知した上での提案であることを顧客に示すためには、顧客の優先順位についてもしっかり分析しておくことです。

顧客が期待している機能特性や仕様とそのコスト感、納期、スケジュール、フレキシビリティなどで、何を優先し、トレードオフの際は何を優先させるかということもヒアリング時に聞き切り、提案に反映させていきましょう。

❸ 企画・提案の最重要ポイント（KFS）を設定する

KFS（Key Factor for Success）はその名の通り、成功、つまり受注するためには何がキーファクターになるのかを分析し、そこを提案の柱にすることです。

このKFSの思考がないと、その提案のプレゼンを聞いた相手は「何か刺さるものがない」「決め手に欠ける」「よくできているけど、何かそそらない」という気持ちを持ちやすくなります。

受注率の高い提案書というのは、それが分かっているので、最初からKFSを全面に打ち出す提案にするのです。

よく「提案の柱」「提案の軸」「提案の中核」「提案のキモ」「コア・コンセプト」と呼ばれ

ることと同じです。

この①～③の後には、いよいよ提案書の構成に移りますが、もちろん①～③と同時進行で構成（シナリオ）を作っても構いません。

この構成は、シナリオと呼ぶ会社もありますし、目次、章立て、流れと呼ぶ人もいますが、重要なのはそこに盛り込む内容ですので、次にそこを紹介することにしましょう。

2 提案書に盛り込みたい内容は？～説得力のある提案書の構成～

ここでは、説得力、訴求力のある提案書にするために盛り込みたい項目について解説します。もちろん、業界や職場によってその内容は異なると思いますので、ここでは最大公約数的な代表例を紹介することにします。

最後にそれ以外の例を241～242ページの図で共有しておきますので、あなたの営業にフィットするようにアレンジして使用してください。

〈 提案書作成の手順 〉

イメージを膨らます

「顧客の優先順位」
「どんなコンセプトにするか」
「どんな流れにするか」

顧客の優先順位と
売りたい商材とのチューニング

商材のPRではなく
顧客の期待に応える
提案をする

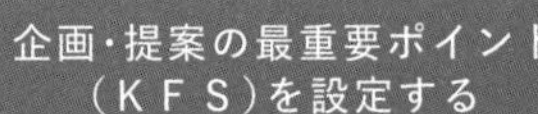

KFSとは?
「提案の柱」「提案の軸」
「提案の中核」「提案のキモ」
「コア・コンセプト」

PC

❶ 現状とその問題点

まずは、「現状」からスタートしますが、ここで重要なのは「相手が使った」キーワード、言葉、フレーズを用いて表現することです。

絶対に自社で用いられている専門用語や社内用語、自分が使い慣れている言葉で書いてはいけません。

必ず「相手側の言葉」を用いましょう。

理由は「共感」です。

人は誰でも、自分がいったことやいい慣れていることには自然と「共感」し、スッと内容を受け入れるものですが、逆に慣れていない言葉やキーワードを消化するには時間を要するというか、スッと頭に入ってはこないのです。

興味・関心にスイッチが入りませんし、印

象に残らないため時間を経るごとに内容すら忘れてしまうのです。

もう一点、**「現状」については、できるだけリアルに表現すること。**

一般的な話ではなく、相手が「そうそう、うちはそうなんだよ」と実感する相手の会社ならではの事象を忠実に再現しましょう。

そして、**クライマックスはその現状の問題点に焦点を当てること。**その問題点をそのままにしておくと、近い将来どんな深刻な事態を引き起こすかというリスクやデメリットを明確に伝えるのです。

そこに他社の実例を入れて、インパクトを高める手もあります。

この問題点こそが、提案の中核となる自社商材のベネフィット（顧客が得る恩恵）を打ち出すカギになるので、明確であればあるほど効果が出るのです。

営業研修で野球の配球にたとえてよく話すことですが、自社製品の強みが150キロの速球だったとすれば、それはどう頑張っても155キロにも160キロにもなりません。

強みはそのままではそれ以上には上がらないということです。

ならば、どうするか？　そこで配球術としては、150キロをより速く見せる緩急を使うわけです。つまり、150キロのストレートの前に遅い球であるカーブやチェンジアップを投げる。

社会人野球の強豪チームを持つ企業の営業研修で、よくOB選手も参加するので聞くと、150キロでもストレートが来ると分かっていればヒットは打てますが、緩急をつけられると150キロではバットにすら当たらなくなるそうです。

つまり、商品力が150キロであるなら、そのスピードが155キロにも160キロにも見えるようにするには、**商材ではなく、相手の「現状の問題点」の深刻度を高める、つまりその問題点を解決するために提案する商材がどれだけ役立てるかと「問題点」に焦点を当てる**ほうが効果的なのです。

ここで問題点を整理し、どういった背景があって、どういう要因からその問題が引き起こされているかの分析や推測があるとのちのちベネフィットの合理性が高まってきます。

❷ 提案の目的

問題提起して、相手の興味・関心を高めたところで、いきなり解決策の内容にいくのではなく、あえて、その提案の「目的」(〜のために)を明確にしておくことで、相手のマインドセットを促すのです。

そうすれば、ゴールのイメージが明確になり、ここまででスタートとゴールが定まるために、その間にあるプロセスつまり提案内容が受け入れやすくなります。

要は「中味が聞きたくなる」雰囲気が醸成されるということなのです。

❸ 提案の概要

ここからが提案の内容になりますが、**「全体」→「個別」という順で進める**ようにしましょう。

まずは図やビジュアルなどで全体像を示し、次に「個別事項」を解説していくようにします。「個別事項」の順番は相手にとって重要なことから紹介するのが鉄則です。

「誰に、何を、どのように」が明確に伝わるように注意しましょう。

❹ 提案による効果

予想しうる提案による効果も、説得力を高めるためには明確にしておきたいポイントです。これが定量的に示せればベストですし、それが難しい場合でも「同規模案件ではコストが最大30％削減された」「半期で新規案件が10％程度増えた」といった実績を伝える手があります。

定量表現が難しい場合は定性表現で構いませんが、**相手に効果のイメージが伝わるようにできるだけ、相手に近い業種や業態、もしくは規模感の事例を通して伝える**ようにしたいものです。

❺スケジュール

相手に導入までの**スケジュール感が分かるように、チャート図や進行表を用いる**ようにしましょう。

また、相手がその気になっても、場合によっては納期が間に合わないというケースもあるので、自社リソースの状況、受注状況も勘案しつつ作成するように。

❻費用

費用については提案書ベースでは、必要があれば**まずは概算で構わない**ので、どの程度の費用感なのかをつかめるようにしておきましょう。

❼ 付表

プレゼンツールが充実してきたせいか、デジタル社会になったせいなのか、かつては10ページ以下だった提案書が50ページ程度にもなってきました。**10ページを超える場合は、別立てで1ページの「サマリー」を添付する**のも方略になります。

あるいは10数ページを超えるものは、相手にとっては決して見やすいものではないので、**目次**をつけ、資料やデータの類は論文同様、本文とは分けて**付表として巻末にまとめて**しまったほうがいい場合もあります。

■ その他の構成例

その他、営業に使える提案書の構成例として帰納法っぽい「分析型」（241ページ）と演繹法っぽい「仮説展開型」（242ページ）の一例を示しておきますので、あなたの提案書のバージョンアップの参考にしてください。

ここでは「分析型」「仮説展開型」の構成内容の違いがイメージしやすくなるように、「イントロ」「ボディー」「コンクルージョン」の要素を紹介しておきます。

〈 分析型アプローチ例 〉

イントロ	オリエン	提案の方向付けを行う
	目的の明示	問題解決に自社がいかに役に立てるか

ボディー	背景	現状、何が起きているのか
	問題の構造	問題を引き起こしている原因、要因
	問題解決への仮説	問題解決に「当たり」をつける
	解決へのプロセス	解決までの道筋をロジカルに描く
	自社の強み	自社の優位性をアピール
	未来像	問題が解決した時の姿を描く
	事例紹介	相手に具体的なイメージの兆しを与える

コンクルージョン	まとめ1	重要なポイントを繰り返す
	まとめ2	相手の心へ働きかける

〈 仮説展開型アプローチ例 〉

イントロ	つかみ	相手の興味・関心を喚起する
	目的の明示	メインテーマ ＋ 自社がいかに役立てるかを強調する
ボディー	コンテ１〜ｎの明示	メインテーマを構成するコンテンツの大項目を紹介
	コンテ１の解説	それぞれのエビデンス（証拠）を示す ビジュアル、チャートを用いて分かりやすく
	コンテ２の解説	
	コンテ３の解説	
	コンテｎの解説	
	事例紹介	類似案件がベター
	アクションプラン	次のステップを共有（スケジュール感含め）
	費用	コスト感の明示
コンクルージョン	まとめ１	コンテの要旨を繰り返す
	まとめ２	相手の心へ働きかける

3 提案を考えるコツ

提案に関しては、業界によってはクリエイティブな部分が求められる場合もあるでしょうし、逆にすでに仕様が決まっており、それをいかにカスタマイズさせるかが勘どころになるといったケースもあるでしょう。

そうした背景の違いによって、提案を考えるコツも多少は違ってくるかもしれませんが、ここではそうした業界の違いはあっても、共通しているであろうコツについて解説しておきます。

断っておきますが、**提案力というのは〝センス〟ではありません。**確かに、「○○さんには提案のセンスがある」という言い方をする人もいますが、厳密には〝センス〟ひと言で片づけてしまうような単純は話ではないのです。

それというのも、**提案力というのは総合力です**し、これまで書いてきた提案書や読んできた企画書、読んできた本、書いてきた文章の総和に加え、顧客感度や顧客への関心、サービス精神などの総力戦だからです。

「着想が斬新」「発想がユニーク」といわれる背景には、長年の莫大な読書量や取材量があったりもするものです。

それを「センス」と呼んでしまっては、本質を見誤ってしまいます。あえて、ここで「センス」を否定したいのは、**誰でも、方法さえ知ってしまえば、提案力は短期間に高めることができる**からです。

❶「たたき台」という発想

ＳＴＥＰ１でも「資料はゼロから作らない」ということに触れましたが、提案書を作成する際は「ゼロ」から作るのではなく、ベースとなる「たたき台」を用意することからスタートしましょう。

その**「たたき台」は自身や先輩社員、上司が使って、実際に受注した〝勝ちパターン〟をベースにする**のがベストです。

「たたき台」を今回の顧客への提案に合うように加工、修正、加筆して仕上げると最短の時間で最強の提案書が仕上がるというわけです。

❷発想のネタ、テンプレート（フレームワーク）、たたき台を在庫する

日常から、「これはいいアイデア！」「使えそうなチャート」「耳よりな情報」は保存してお

き、いつでも取り出せるようにストックしておきましょう。

企業によってはサーバ上に共有して使用できるホルダーを設けていますが、どんどん増殖していって、どこに何が保存されているのかが分からなくなる問題も起きているようです。周りの人にも、いいアイデアやネタがあるなら共有できるようにしておきつつ、自分でもいつでも取り出せるように準備しておいてください。

❸「切り口」という考え方

提案書の魅力は、その「切り口」で決まるといってもいいでしょう。顧客への提案をどういう「切り口」で進めるかということです。

実は、提案書作りが苦手な人というのは、この「切り口」を自分の頭で創造しなければならないと思っていたりします。

もちろん、創造するのもアリですが、実際にはもっと多様で、見つける、発想する、作る、組み合わせる、応用する、オマージュする、パクる、模倣する…といったようにたくさんのアプローチ方法があります。

正直、「何かと何かを掛け算する」「組み合わせる」「オマージュする」といったケースが多いように思えます。

その際に重要になるのが、「引き出しの多さ」。

でも、引き出しが少なくても、情報量が少なくても大丈夫。そういう時は近くにいる引き出しが多そうな人に聞けば済む話です。人の頭を使えばいいのです。

第7章

売れる営業のプレゼンとクロージングの鉄則は「これ」だけ

STEP 1

つまずきやすい場面への一問一答
～営業パーソンの生の声へのアドバイス～

プレゼン

1 プレゼンの新しい「切り口」が見つけられない

短答

最も手っ取り早いのは、**自分の頭だけで考えようとしないこと**。周りの誰かに聞いてみる、そういう新しい切り口を作るのが得意な人にアドバイスを求めることです。

なぜなら、営業の役割は「売ること」なので、極端な話、プレゼンの切り口は借り物で構わないからです。

ですので、社内でプレゼンのうまい人が、どんな切り口でプレゼンしているのかに触れるのは、必須になります。

ぜひ、プレゼン資料を見せてもらってください。できれば、プレゼンの場面に同席させてもらうのがベストなので、**オンライン同行でも、リアルな場でも、その切り口に触れる場数を多く持つ**といいでしょう。

もちろん、自分で考えるに越したことはないので、その方向ならば、まずはヒントになる切り口候補を見つけることです。

お勧めなのは、**ビジネス書のタイトル。特にベストセラーとなった書籍や売れているビジネス本のタイトルや帯のキャッチコピーを参考にする**のも効果的です。

同様に、雑誌の特集のタイトルやサブタイトルなどから、直近のトレンドを感じて参考にするのもいいでしょう。その際は「言葉」と「言葉」を組み合わせたりしながら、相手の注意・関心を確実に引き出せる切り口を見つけたいものです。

そのためには日常的に、それを考える回数がポイントになりますので、普段から切り口のネタを集める意識をしておきましょう。

2 プレゼン内容が特にくどくなる（長くなる）ことが多い
⬇伝わらないと思うから補足説明が多くなり…

「伝わっていない」と判断したら、補足するのはＯＫですが、**「伝わりにくい」と思われることは事前に予想して、チャートやビジュアル、事例で示すなど伝わりやすくする下準備をしておく**のがベターです。

また、その場で「伝わってない」と判明したら、「切り口」を変えながら伝えるようにしましょう。

もちろん、最重要ポイントは繰り返して構いません。

端的に伝えようとするのは基本ですが、それで「伝わってない」なら、**伝わるまで切り口を変えながら補足を繰り返すのもアリ**です。「くどくなった」と営業側が感じたとしても、それで、お客様が腹落ちするなら、それでいいと思います。

気になるようなら「ひと言でいうと…」という意識を心がけることをお勧めします。

3 悪い印象を与えてしまった時の挽回策が分からない

短答

セオリーは「**悪い印象を補って余りある〝プラス〟を与えること**」です。〝プラス〟というのは、相手に役立ちそうな情報でも構いませんし、ヒントになりそうな事例でもOKです。「ポジティブな印象」というのは、正直、営業では重要な要素になりますが、その商談で与えてしまった「悪い印象」程度なら簡単に好転させることはできますので、心配はいりません。

悪い印象を与えてしまい、その場がどんよりした空気になっていたら「ところで〜」と声をかけ、**相手に〝プラス〟となる情報、ヒントの話に展開していく**と相手の〝負の印象〟は一瞬にして解消してしまうものだったりします。

1 押しが弱くクロージングが長期化してしまう

「押し」が弱い人は「押し」ととらえずに、**多種にわたるクロージングの方法（ＳＴＥＰ２で紹介します）を知って、自分でもできそうな方法、「言い方」を使う**ようにしましょう。

もちろん、「押し」ができる人はそれで構いませんが、他のバリエーションを持つとさらに守備範囲が広がるために、業績を伸ばすことができるようになります。

クロージングの方法はできるだけ多く「ＳＴＥＰ２」で解説しますので、最も自分にあった方法を試してみてください。

2 お客様に催促するのが苦手

催促するのではなく、最初から期限を決めて、その間に決められるようなサポートをするスタンスにしましょう。**「決める側」「催促する側」という対立関係を作らずに、同じ方向を**

向いて合意形成プロセスをサポートする行動です。

お互いが共犯者になるというイメージといってもいいでしょう。

「結論に至らない」ということ、「白黒つかない」ということには相応の理由がありますし、進まないのは何かがボトルネックになっているからです。

何がネックなのかを、何とか聞き出して、共犯者としてそれを一緒に解決していくというポジションを取るようにしましょう。

STEP 2

「売れる営業力」養成講座

プレゼン・クロージング編

1 お客様にとってのいいプレゼンとは？

コンペを勝ち抜き、最後に受注する人のプレゼンの3パターンについて紹介しておきますので、自身が取り組みやすいことを選んで、それをより意識したプレゼンを試してみてください。

❶任せてみたくなる「提案」「+α」「新しさ」がある

やはり自社商品やサービスを分かりやすくプレゼンしたというより、もう一歩進めて、**任せてみたくなる「提案」があるのが最強に違いありません。**

しかしながら、正直、「提案」で差をつけられない業界があるのも確かです。そうしたケースでは、競合他社が提案するであろう内容に、どんなに小さくてもいいので「＋α」を加えるようにするか、何でもいいので「新しさ」が感じられるようにしましょう。

❷ 課題や問題を解決できる可能性を感じる

やはり相手がプレゼンに期待するのは、自社が抱える課題や問題を解決することなので、その可能性をリアルに感じるプレゼンにしたいものです。

業務効率が上がる、コストが下がる、売上が拡大できそうと**「プラスの兆し」を感じるヤマ場は必須**になります。

❸ 惹きつけられる要素がある

プレゼンというのは相手の気持ちを動かすことでもあります。広告業界ではこれを**インサイト（顧客が思わず買いたくなるココロのスイッチ）**と表現してきました。

そういう意味で、プレゼン内容の何か一ヶ所でも魅力を感じたり、ヒントになること、参考になること、気になるビジュアルやチャート、キーワードが受注のキッカケになることも少なくないので、逆にそこを意識したプレゼンにしてみましょう。

2 プレゼン前に押さえておきたいこと

ここで指摘するまでもなく、多くの営業パーソンがすでにプレゼンの構成を考える際に取り入れているかもしれませんが、あえてここで押さえておきたい2点を共有しておきましょう。

1つ目は、**顧客の特性をつかんだ上でプレゼンの準備をする**こと、2つ目は**自社の立ち位置を押さえておく**ことです。

まずは顧客の特性ですが、**押さえておきたいのは、企業としての特性と企業風土、組織風土です**。例えば、トップダウン型かボトムアップ型か、新しいモノ好きか保守的か、あるいは内製志向かアウトソーシング志向かとかいったことです。

コストと付加価値をどういったウエイトで考えているかということも、可能であれば把握しておきたいところです。

そうした情報が簡単に入手できない場合は「社史沿革」を利用しましょう。ただ、社史を眺めるのではなく、味わうように読み込むのです。ある程度の規模感であれば、国会図書館で閲覧できますし、多くの企業がＨＰで紹介していますし、就活用のサイトも便利です。

肝心な社史沿革の味わい方は、ジャンプのキッカケ、逆に不況などの危機的な状況をどう乗り越えてきたのか、という**ターニングポイントをいくつか拾い出してその時に、開発部門、製造部門、あるいは営業部門で働いていた人たちが、どんな風だったかを想像してみる**のです。

そこで、**感情移入**できれば占めたものです。相手企業の上っ面ではなく、深いところから理解できるようになるので、「うちのことをよく知っている」という印象が与えられるようになります。

参加者のプロフィールを理解した上でプレゼンができれば、さらに強力になるでしょう。

プレゼンへの参加人数だけではなく、役職や部門、ざっくりでいいので年齢なども聞いておきたいところです。

もちろん、誰がキーパーソンなのか、自社を推している人、競合他社を推しているであろう人、が事前に把握できれば、最後に選ばれるプレゼンの構成が作りやすくなります。

２つ目の自社の立ち位置について説明していきます。相手の関心が高い場合と逆に低い場合とではプレゼンに臨む立ち位置がまったく異なるはずです。ここでは6つのケースごとの注意点を共有しておきましょう。

❶ 相手の興味・関心が高い場合

これが、理想的ですので、この時ばかりは**いつもの通り**で。

❷ 相手の興味・関心が低い場合

まずは冒頭で、相手の興味、関心を高めるために相手の顧客やライバル企業の動向や同業界の最新事例の話題を振って、**できるだけ相手の温度を温めてからプレゼンに入っていきたいところ**です。

❸ 「当て馬」っぽい場合

大きな案件で、ライバル企業の「当て馬」である確率が80%以上という感触だったら、**その商談自体を潰してしまい、半年後とかの仕切り直しを勧める**手があります。

「来期の展示会に合わせて、各社の新製品が続々登場しますし、斬新なモデルが発表されるという噂もありますので、半年程度、検討をお待ちになる手もありますね。コロナ禍で様子見されている企業さんも多いですし」といったところでしょうか。

もちろん、ウソやハッタリはご法度ですので、業界ごとに相手が「それは、そうだ」と判断する材料を使いましょう。

❹ 過去にトラブルがあった場合

アカウント営業やルートセールスの最大のネックは「過去を全部、引きずる」という点です。下手をすると13年前の担当者の時のトラブル時に「報告の仕方がまずかった」ということが原因で「○○は使うな」とずっと顧客内で引き継がれてしまうこともあるのです。

そうした場合は逃げずに、**「そこから何を学び、何を反省し、その後どんな体制にし、実際のトラブル時はどう対応するのかということを、プレゼンのメインテーマに準じるような順位にする**ようにしましょう。

❺ 相手が忙しい場合

プレゼン資料とは別に**プレゼン資料のサマリーの1枚ペラ**を用意しましょう。

その中にメリットの明示、何かとの比較、費用対効果などの数字的根拠などの3点を盛り込みます。忙しい人ほど分かりやすいモノ、比較しやすいモノ、定量的に判断できるモノを好みますので、「それが分かっていて、この〝1枚ペラ〟を別建て用意しています」というところを暗に伝えます。

その上で、プレゼン資料は結論先行型の簡潔にまとめたものを用い、質疑応答になった際に詳しい資料を適宜登場させる手もあります。

最初に1枚ペラ、次に簡潔なプレゼン資料、最後の質疑応答時にフルバージョンを用い、該当箇所だけ用いるイメージです。

❻ ソリの合わない相手の場合

確かに、気の合う相手からの受注率は高いといわれますが、「ソリの合わない相手」からの受注率が低いかというと不思議とそうでもないのです。

初回訪問で「ソリが合わなそうだ」と感じたのに、トントン拍子で受注になったり、大型受注となるケースも少なくありません。

要は、**相手の相性と案件化率、受注率とは相関性はない**ので、ソリの合わない人からの「受注率」は低いという潜入感は持たずに、粛々と営業を進めるのが得策です。

ソリ合うとか相性がいい、悪いとかは感覚なので、何かがあるとすぐに変わってしまうものですので、気に留めないのが賢いやり方です。

3 プレゼン構成のポイントとプレゼンの文法「AIDAの法則」を知っておこう

プレゼン構成のポイントは、何といっても「結論先行型」がお勧めです。最初に「結論」をいい切って、次に「要因は3つです」と数をいって、その一つひとつについて述べる形式が相手には最も聞きやすい流れになります。

ざっと流れの一例を紹介するとこのようになります。

1. 現状の整理
2. 課題や問題点の抽出（その背景、要因や原因の因果関係）
3. 提案の目的
4. 解決策・提案
5. 解決策・提案がもたらすメリット（定量的な面でも）
6. 導入事例、類似事例

7. スケジュール↓コスト
8. （場合によって）競合との比較表

こうしたプレゼンの流れと共に、インパクトを高める方略として「**AIDAの法則**」も活かして欲しいと思います。「AIDAの法則」というのはAttention（注意喚起）の頭文字「A」、Interest（興味・関心の喚起）の「I」、Desire（欲求の喚起）の「D」、Action（行動喚起）の「A」をつなげた呼び名で、１９２０年代にアメリカの広告業界、営業の世界に登場した概念になります。

つまり、**プレゼンのどの部分で相手の注意喚起を促し、次にどのようにして注意を興味・関心に引き上げるかを考え、さらに**

〈 プレゼンの文法「ＡＩＤＡの法則」とは 〉

「導入してみたい」という気持ちを高めるためにはどうしたらいいかという工夫を、プレゼンの流れ、使用するスライド作りやビジュアル選びに反映させるのです。

4 お客様に刺さるプレゼン資料の作り方とは？

ネット＋デジタルツールの進化に伴いプレゼン資料の進化には目覚ましいモノがある一方で、紙からデータへ移行しているせいか、年々ページ数が増加していると感じるのは私だけではないでしょう。

しかし、受注率の高いプレゼン資料作成の基本は変わっていませんので、ここで7つのポイントを解説していきます。

❶ビジュアル利用

文字数は少なめを意識して、図解や写真といったビジュアル、グラフ、チャート図、イラストを利用したほうが相手には分かりやすくなります。

また、最近は**動画も手軽にプレゼンで使用できる**ようになりましたので、リアル感を高めたい時には利用するようにしましょう。

❷ アピールポイントはデータで示す

プレゼンにおいて「数字」は何より説得力があります。定性的な表現では関心を高めることはできても、自社が選ばれる決定打にはならないこともしばしばです。

「費用対効果」を筆頭に定量的な表現、つまりはデータを示すことによって、「関心」が「導入してみたい」（Desire＝欲求）に移ることが少なくないので、**数字的な根拠は必ずプレゼンの中に盛り込みましょう。特に経営者に対するプレゼンでは必須**です。

「コストが削減できます」と「コストが最大3割削減できます」の説得力の違いは明白でしょう。

❸ 比較を用いる

私たち人間の認知機能は**何か一つを評価するより、何かと何かを比較して相対化して評価するほうが判断しやすい**ようにできています。

この特性をプレゼンに利用しない手はありません。ですから、営業ツールや提案書では「比較表」を用いるわけです。

競合との比較を用いる場合もあれば、自社の旧モデルと比較して仕様がどう変わったのかをアピールすることも有効です。

❹相手が使った言葉を使う

例えば、「現地調査」や「現地調整」を「現調（げんちょう）」と略す業界は多いのですが、「設計変更」に関しては普通に「設計変更」という業界もあれば、略して「設変（せっぺん）」と呼ぶ業界もあります。どこまで業界用語を用いてプレゼンするかは迷うところだと思いますが、**そこまでの商談で相手が使った言葉を使ってプレゼンする**のが大原則になります。

理由はそれが一番伝わり、逆に齟齬（そご）が最小になるからです。

同様に課題や問題に関する表現についても、相手が使った表現をプレゼンでも繰り返すようにしましょう。

❺事例を交える

プレゼンで製品の機能特性や技術的優位性をアピールするのは重要ですが、**機能特性を機能特性として語るよりも、事例を通して伝えたほうがイメージが湧きやすい分だけ、訴求力も相手が感じる魅力度も高まります。**

できればプレゼン相手の同業界で、理想は規模的にやや上の企業の事例があればベストです。ただ、そんなケースのほうが少ないので、同業界だがより小規模、他業界だが同規模など何らかの共有性を持つ事例紹介を優先させてください。

また、**プレゼンにおける事例は、導入背景、導入理由、効果、費用、費用対効果がポイントとなるので、そこがリアルに語れるように準備**しましょう。

もちろん、機密保持契約などによって実名が出せない場合には、仮称で、業種と規模感が分かるようにして紹介してください。

あるいは、その案件には直接的に関係しないような事例でも、最後のほうに「うちは、他にこんなことも手掛けています」ということが分かる事例を網羅的に盛り込んでおくと、その場でクロスセルになったり、後のクロスセル、アップセルへの伏線になったりするので、試してみましょう。

❻プレゼン資料のページ数は「1‐3‐∞の法則」で

紙によるプレゼンから、プロジェクターや手元のデバイス、あるいはオンラインでプレゼンするスタイルに進化する中で、プレゼン資料のページ数はどんどん増加していき、50ページを超えるものも珍しくありません。

かつて紙の資料を使ったプレゼンの時代、私がリクルートで叩き込まれたのは「**1-3-∞の法則**」でした。プレゼンの相手によって枚数を分けよ、という意味です。最初の「1」は**経営者にはA4判かA3判で1枚にして必ず数字的根拠を盛り込め**と。

次の「3」は**部長クラスには「3枚程度」にまとめよ**ということで、最後の「∞」は担当者向け。これは、**担当者が管理職や決裁者に質問された時に、それを見れば全て回答できる内容を盛り込む**という目安ですので、30ページになっても、50ページを超えても構わないという意味です。

さて、では紙ではなく、データ投影中心になった現在ではどうでしょうか。

経営者向けの「1」と担当者向けの「∞」は変わりませんが、問題は部長クラス向けの「3」でしょう。ここについてはMAX9ページを目安にして欲しいと思います。

要はページ数は「1桁」に留めましょうということです。そのココロは**決裁者か実質上のキーパーソンである部長クラス向けには、要点をまとめ、決裁に必要な情報を盛り込んだ体（てい）としては、「1桁」が限界**。資料が多いと「細かいことは、担当者とやって」といわれて配慮

〈 プレゼン資料は３パターン持つ！ 〉

1枚ペラ

ターゲット：経営者、社長

最も言いたいことを絞り込み、必ず数字的根拠を盛り込む
（作成のポイントまとめ）

1-3-∞の法則

プレゼン相手によって資料の枚数を分けることで成約率が格段にアップする

簡潔な3ページ

ターゲット：部長クラス

要点をまとめ、決裁に必要な情報を盛り込む
（作成のポイントまとめ）

フルバージョン

ターゲット：担当者

担当者が管理職や決裁者に質問された際に全て回答できる内容にする
（作成のポイントまとめ）

不足を問われる危険性があるからです。

❼ 神は細部に宿る

これも、諸先輩から叩き込まれたことですので、それを次世代に引き継ぐという意味で共有しておきたいと思います。

プレゼン資料は細かいところに「気を配れ」ということです。

例えば、**誤字脱字のチェック**はもちろん、**カタカナが好まれる業界、官庁言葉が望ましい業界への対応、図版を同じページに２つを配置せざるを得ない場合の天地左右の揃え方、色使いは極力３色を超えないようにする**といったことです。

5 お客様をその気にさせるプレゼン時のテクニックは？

まずは、プレゼンの語源を紹介した上で、相手をその気にさせるプレゼンのテクニックを5つ紹介したいと思います。

プレゼンテーションの語源は、あの「プレゼント」です。友達のお誕生日や母の日に贈る「プレゼント」。もちろん、何を贈るかが一番のキモですが、ラッピングやリボン、メッセージカードといったちょっとした演出をあれこれ考えたりしますよね。

贈るモノが伝えたいコトだとしたら、より相手の印象に残るようにするための演出がプレゼンの部分というわけです。そういう意味で「説明」とは区別されます。

では、その印象に残り、相手をその気にさせるプレゼンのテクニックとはどういうものなのかについて解説します。

❶ エピソードで語る

先ほど「定量的に示せ」「データで示せ」といっておきながらですが、**最強なのはエピソードで語ること**です。

最大公約数的に全部の人が分かりやすい定量的な例として、「iPhone 12の128GBのストレージ容量」と表現するより、「音楽なら○万曲、映画なら○○本持って歩けます」といわれたほうが魅力的に感じませんか？

これは、エピソードで語られたほうがイメージしやすいので、魅力を感じやすくなるのです。しかも、**自身が「へぇ」と感じたことは再現性が高くなります。**

つまり、あなたが相手の部長にプレゼンした時、その部長が「へぇ」と感心したことは、あなたと同じ熱量で役員会で話せたりするのです。**それを聞いた役員にも「へぇ」が伝染していくため、受注率も高くなる**というわけです。

❷客観評価で語る

ここもプレゼンでは注意したいポイントになります。営業パーソンが自社製品や自社サービスの「ここがすばらしい！」と熱く語っても、どこまでいっても「自画自賛」「手前味噌」の領域から抜け出すことはできません。

そこで**「ここがすばらしい！」といっている話者を変えてしまう**のです。「T自動車の○○工場では×××という理由で評価頂き、いち早く導入頂きました」という客観評価で語れば説得力が増すことにお気づきでしょう。

これは、HPなどで導入している企業のロゴを並べるのと同じ理由です。

❸ 説明より描写

プレゼンでは、説明より描写を加えたほうが相手にはインパクトを与え、印象に残ります。

「新入社員のヒロシが初めての注文書をもらって帰ってきた」という説明を描写にすると、「課長、『初受注、上げました！』とヒロシは駆け込んでくるやいなや、握りコブシを突き上げた」といった感じになるでしょう。

描写のほうが、よりイメージが湧いて、印象に残りやすくなるのがお分かりでしょう。

同じように営業シーンで

「営業の数字の進捗、案件進捗だけでなく、営業パーソンの日々の行動まで見える化できるSFA（営業支援システム）です」

という説明より

「『SFAに入力したところで、受注のためには何の役にも立ってない』という現場の不満、『マネージャーの管理業務ばかりを増やし、逆に顧客訪問や部下指導の時間が食われている』という現場の不満から生まれたシステムです」

という描写的にしたほうが「うち（自分の会社）もそうかもしれない…」という共感につながると思いませんか。

もちろん、プレゼンを全て描写で行うことはできませんが、**事例や客観評価を語る際にお客様の言葉をセリフにするなど描写を心がけるだけで、相手のイメージは湧きやすくなる**ので、心がけてみてください。

❹ 3つにまとめる

これは、プレゼンのテクニックとして欧米の学校の授業でも紹介される「マジカルナンバー3」という概念です。

実は、かつてプレゼンを教えていたオーストラリア人の講師に「何で〝3つ〟なんですか？」と質問したことがあるのですが、彼は「父と子と聖霊…」と。

どうやら〝三位一体説〟ということでしたが、キリスト教圏でなくても、**三脚のバランスが最も安定するように、プレゼンでも3つにまとめると最も「納まりがいい」**のです。

しかも、「3つ」だと、それぞれの比較もできますし、必ずウエイトもつきます。

例えば、自社製品の特長が2つしかあげられない場合でも、特長とはいえないような3点目も加えたほうが、2つの特長がより引き立って見えるようになります。

逆に4つの場合はメインをあえて「3つ」にして「3大○○」とタイトル付けし、4つ目は補足として掲載するテクニックもあります。

もちろん「4大○○」とか「5大○○」でも構いませんが、メリハリを考えると「3大○○」ほうが効果的に思えてきませんか。

❺ 前半勝負

とにかくプレゼンは前半勝負で臨んでください。**20分のプレゼンなら前半の10分で勝負をかける、10分のプレゼンなら前半の5分**です。

強いカードは後半に残すのではなく、最初からどんどん切っていくイメージです。

その理由は、プレゼンの聞き手のほうの集中力が維持されているのは、最初だけだからです。最初のほうに「興味を引く」内容がないと、徐々に消化試合のような聞き方になってしまいます。

逆に頭から「関心を持った」ことが3つ続けば、その後も真剣に聞いてくれるようになります。

「シンデレラ」を筆頭に**小説や映画のクライマックスはエンディングですが、プレゼンに限っては前半で勝負がついてしまう**ことを知っておきましょう。

6 そもそもプレゼン力をどう高めるか？

まずは安心して欲しいのですが、プレゼン力を高める方法もすでに確立されています。**とにかくいい手本、見本に触れて、取り入れたい部分でできそうなところをどんどん模倣し、繰り返す中で自分のものにしていくという方法です。**

社内の先輩や上司でプレゼンのうまい人がいれば、その人の良い部分を模倣するとして、社内に見当たらない人はYouTubeの映像でも構いません。

具体的なトレーニング方法は、ロープレ（ロールプレイング）です。それ以上の方法は残念ながらまだ開発されていません。

ロープレというのは顧客役、営業役に分かれ、実際の営業シーンを再現し、その後に「良かった点」「改善するともっと良くなる点」をレビュワーか、顧客役にフィードバックしてもらうトレーニング方法です。

ちなみにプレゼンが強いと呼ばれる会社は、プレゼンの本番の前に何度も社内で本番を想定したロープレとフィードバックを繰り返し、本番に臨んでいます。

これは、野球やサッカーなどの強豪校に、選手を強くするトレーニング補法や練習法のノウハウが集積しているのと同じです。

プレゼンや営業にはスポーツとは違って、身体能力や身長の高さなどの身体的特性も求められないので、練習だけで簡単に成長できるのです。

しかも、スマホやタブレットが手元にありますから、簡単に録画して自分の営業を観ることができます。これで、**1人で行う「シャドーロープレ」**の効果が著しく高まったので、ぜひ、取り入れてみてください。

さらに上級者向けとしては資料なしでのプレゼンと、作成した資料が顧客に刺さらなかった際のアドリブの練習をしておくことをお勧めします。

7 クロージングの意味と売れるクロージングの考え方とは？

営業のクライマックスは何といっても「クロージング」です。

なぜなら、アプローチ、ヒアリング、プレゼンでトップを走っていても、この「クロージング」で競合に負けてしまっては、それまでやってきたことが全て水の泡になってしまうからです。

実際にそれまで一番手だった会社が、「クロージング」の段階で敗れてしまうことが、あまりに多いのです。

そういう意味で、小説や映画の最終局面である「クライマックス」と同じくらいの重要度があるのですが、**「ヒアリング上手のクロージング下手」の人が、実は多い**のです。

さて、クロージングの意味ですが、英語の「closing」、つまり「締めくくり」「終結」に由来しています。

プロ野球では勝ちゲームの最終回を投げるピッチャーのことを「クローザー」といいますが、営業用語としての「クロージング」は、営業プロセスの最終場面である「契約の締結」「成約」の意味として用いられます。

広義では「顧客に対し提案内容、価格に納得頂き契約を締結する動き」、さらにいえばその頭に「競合との受注競争に勝ち抜き、成約に持ち込むための詰めのプロセス」を加えて、私たちは営業現場で「クロージング」という文言を使用しています。

この「詰めのプロセス」に、「ヒアリング上手のクロージング下手」の惜しい営業を生み出す要因があります。

「お客様にクロージングを迫って、せっつくのは失礼だし、カッコ悪い」「そもそもクロージングはこちらの都合なので、お客様に結論を迫るなんて筋違い…」とクロージングをためらう理由は山ほどあります。

さらに、それらを正当化する理由もいくらでも出てきます。

ですが問題の本質は、クロージングが「得意」とか「苦手」とか、「ためらわずにできる」とか「どうしてもためらってしまう」といった二元論ではありません。

顧客志向が強く、控えめな性格でクロージングが苦手な人でも**ストレスなくいえる、成約に持ち込むための「言い方」を知っているか否かだけなのです。**

これは、営業パーソンの性格ではありません。

どの業界でも「今日、発注書を下さい」と切り出すのも無理はないと判断される理由、というか口実があるのです。

もちろん、今日、発注書をもらいたくてそういっているのではなく、**「もらえない理由」が知りたいのです。**

例えば、ＩＴ企業があるお客様に５２５０万円の見積を出した後のクロージングの場面。

「酒井部長、手前勝手な理由で大変恐縮なのですが、実はご存じのように、テレワーク対応のシステム開発案件の需要が爆発しておりまして、弊社も要員不足が深刻になっておりまして…。で、絶好のタイミングで、あるプロジェクトが来週終了しますので、もし、今日、内示という形で部長の意思表示が頂けましたら、私、今、ここから携帯で電話して、その要員を確保することができるのですが…。

もちろん、正式な発注書はご稟議の後に頂くとして、今日、部長からの内示という形で…」

などという言い方です。

お察しの通り、「ハイ、分かりました」といったハッピーエンドにはならないでしょう。

「このコンプライアンスの時代に内示なんて、出せるわけないでしょ。Ｏさんだってオレの決裁権がどれくらいあるか知ってるでしょ。そこまでいわれたらさ、こっちもいわせてもらうけど、確保してる予算５０００万なんだよね…」

といった会話となって、見積額の５２５０万円では受注できなかったであろう事実が把握できたりするのです。

クロージングの「詰め」はその受注のボトルネックとなる事実を把握し、それを解決する

ための「次の一手」を講じることですから、当然、その情報を元に次の動きに入ります。

「5000万円ですが…。うちも精一杯の数字を出させて頂きましたので、私の権限では何とも…。が、部長、納期と要員と仕様を少々調整させて頂ければ、もしかして5000万円内に収まるか、社に戻って、上司と相談致します。で、明日、その結果をお持ちしたいのですが、午後にお時間って…」という感じです。

すでにお分かりだと思いますが、**このようなクロージングのやり取りをせず「では、良い結果をお待ちしています」などとスマートに帰ってしまうから、5250万円の失注になる**のです。

これこそが惜しい営業、残念な営業だとは思いませんか。

ですが、こうしたクロージングを行えば、5000万円前後で受注する確率が残され、1年で考えると何回かは受注できるでしょう。

そうなるとその分の業績が加わりますから、当然、営業数字はコンスタントに高くなるのです。これが、売れる営業パーソンたちのクロージングの定番なのです。

しかも、業界によってクロージングに合う口実もありますので、ぜひ取り入れてみてください。では、次にその他のクロージング方法についても共有しておきます。

ポイント
最もオーソドックスなクロージングの言い方。
ポジティブな回答なら、内示、発注書まで迫って構わない。相手が経営者の場合は、発注書を迫る。
BtoC では、金額が大きくなれば、なるほど、この言い方が多くなる。迷っている場合は特に効果的。
クロージングの言い方としては弱いが、相手は回答しやすいので　感触はつかみやすい。
競合との比較の中で、受注に向けた効果的な「次の一手」を繰り出すために、価格、仕様、納期、機能特性など、今、何が争点になっているのかという情報を得るのが目的。あっさり内示を頂けることも。
「希少性」という明確な口実を全面に出した鉄板フレーズ。
「納期」を示唆しつつ成約を迫る定番フレーズ。
相手が決裁者の場合に効果的なフレーズ。
まずは、価格とも提案内容とも明示せずに、ざっくり聞いて、徐々に勝負どころを絞り込んでいく。
ストレートな言い方ゆえに、ストレートに回答してくれる場合が多い。ここで得た情報をもとに再クロージングに備える。
経済的合理性に照らした、スマートなフレーズ。

〈 クロージングトーク集 〉

言い方
「内容的にも、価格的にもご納得頂けましたら、今日、〇〇部長から内示といった意思表示を頂けますでしょうか？」
「〇〇部長（社長）としての感触はいかがでしょうか？」
「決めちゃいましょうか…」
「いかがでしょうか？」
「酒井部長、手前勝手な理由で大変恐縮なのですが、実はご存じのように、テレワーク対応のシステム開発案件の需要が爆発しておりまして、弊社も要員不足が深刻になっております…。絶好のタイミングで、あるプロジェクトが来週終了しますので、もし、今日、内示という形で部長の意思表示が頂けましたら、私、今、ここから携帯で電話して、その要員を確保することができるのですが…。もちろん、正式な発注書はご稟議の後に頂くとして、今日、部長からの内示という形で…」
「在庫があと３台となっておりまして、今週中に発注書が頂けるようでしたら、私のほうでキープしておくようにいたしますので、仮発注の手配をかけてもよろしいでしょうか？」
「手前どもの勝手な理由で恐縮ですが、工場の生産スケジュールが立て込んでおりまして…」
では、うちはその仕様で金額的には５％落としますので、今、結論を出してください。
「ぶっちゃけ、今回、うちは何番目でしょうか？」
「うちに決めてもらうには、あと何が必要になるでしょうか？」
「ご存じのように、今、世界的なコンテナ不足で運賃が高騰しておりまして、来期には値上げをお願いせざるを得ない状況ですので、今回、ご発注されるのがよろしいかと…」

8 この方法を知れば、誰でもクロージング上手になれる

代表的なクロージング法を紹介しておきますので、BtoB、BtoCといった営業の種類や特性に応じて、最もフィット感のある方法をあなたのバリエーションに加えてください。

❶ テストクロージング法

よく「当たり」をつけるという言い方をしますが、受注できそうなのか、受注確率が90％なのか、50％程度なのか、はたまた30％にも満たないのかを把握して、その確率を高める「次の一手」を講じていきたいものです。

その感触を把握するために、仕掛けるのがテストクロージングです。

そう、先に紹介した「**酒井部長、手前勝手な理由で大変恐縮なのですが〜**」がテストクロージングそのものです。

テストクロージングを成功させるためには、自然な「口実作り」がポイントになるので、自社のクロージングがうまい人がどんな口実を持ち出しているかのリストアップは必須です。BtoCでの「**決めちゃいましょうか**」は、テストクロージングの定番です。

❷ デッドライン法

あらかじめ納期の決まっている入札やコンペはいいのですが、問題は〝今期導入することが必須ではない〟商材の営業です。

見積りまで進んで、まさにクロージングに差し掛かっているということは、お客様にとって重要課題であることは間違いありませんが、「緊急課題」ではないことも少なくないのです。優先順位からいうと必ずしも今期に導入しなくてもいいような商材のケースです。

そうなると結論が出ないまま、ズルズルいってしまうことが非常に多いのです。

そうした危険性のあるケースでは必ず、「**期限を決める**」こと。**仮でいいので受注から逆算したマイルストーンを設けて、そのデッドラインに向けてお客様が合意形成できるサポートを行っていきましょう。**

そのためには、今期、導入するメリット、先に延ばすことによって生じるデメリットも明確にしておきたいものです。

❸ if展開話法

その名の通り、「仮」の前提を作って相手の反応を確かめる方法です。

例えば「**もし、価格をB社にそろえたら、ここで内示を頂けますでしょうか？**」というようなものです。

ただし、いつでも有効な方法ではなく、受注確率が30％にも満たない場合、見積を出した段階では空転してしまう可能性もあります。

逆に、最後の最後の切り札としては非常に効果的で、昔からよく用いられます。

❹ 導入前提話法

一見、子供だましのようにも思えるのですが、効果があるということで昔から多用されてきました。その名の通り、導入を前提に話す方法です。

例えば、BtoBであれば「**導入前にユーザーの方に向けて無料で説明会、勉強会を開催させて頂きますが、どの辺りのタイミングで実施しましょうか？**」という感じです。

また、BtoCでは「**今、キャンペーンで20万円分のオプションをつけさせて頂いておりますが、これらの中で何がよろしいでしょうか？**」といった流れです。

どちらも「迷っている」時に有効で、「それじゃ」と一気に流れを呼び込む一手となりうるのです。

⑤ 単刀直入法

小手先のテクニックや話法など用いずに、**率直に「うちでお願いします」と成約を促す**方法です。邪心な気持ちがないストレート表現だけに、結論を出せない場合、相手からその理由を告げられることも多いので、そのボトルネックを解消する動きに移りましょう。

⑥ 同調圧力法

これは、BtoBでは「**御社の〇〇工場からもご発注頂いておりますので～**」「**〇〇業界では、こちらの仕様がディファクトスタンダードになっておりますので～**」と同調圧力をかけるパターンです。

BtoCでは「**やはり、この街並みですとデザイン住宅にされたほうが…**」とか「**家を新築された方って、だいたいおクルマも買い替えられる方、多いですよ**」という言い方になります。

あくまで、さりげなく表現するようにしましょう。

⑦ 沈黙の営業

これは決裁者に対して行う方法で、結論を迫ったり、注文書の用紙を出した後、**相手の反**

応があるまでずっと沈黙する方法です。リクルートの伝説の先輩から「沈黙の営業」と教えられました。

要は相手が考えている時間、間に余計な口を挟まず、その沈黙に耐えていましょうということです。その間に耐えられず余分なことをいってしまって、相手が考えている時間を遮ってしまうと、その場での受注確率が落ちてしまうことがよくあります。

❽ 返報性の法則

あえて相手に「貸し」を作って、「そのお返しに〜」と相手に思わせる、返報性の法則を利用した方法になります。

例えば、「いろいろ新卒採用の相談に乗ってもらえたので、値段は少々高いけどR社さんに決めよう」といった流れを作ることです。

BtoCでは、フェイシャルマッサージなどの施術サービスを受けて、そのお返しに化粧品を購入するといった流れが好例でしょう。

第8章

いかに「交渉」「トラブル処理」をうまく行い、顧客との関係を深めるか

STEP 1

つまずきやすい場面への一問一答

～営業パーソンの生の声へのアドバイス～

交渉・トラブル対応

1 他社と比較して「高い」といわれた時の切り返し

短答

ここで最も重要なのは、「高い」という相手の反応を真に受けないことです。何と比較して「高い」のか。

「競合と比較して」が一番多いかと思いますが、お客様はそれを「相場から見て」というかもしれません。

「高い」のには相応の理由があるので、そこでそういわれたからといって、ひるむ必要はありません。**切り返す前に、まず考えなくてはならないのは「高い」前提となっている〝基準〟**

です。

イニシャルコストは一見、競合各社と比較して「高い」けれど、ランニングコストを加え、5年という期間で見ると逆に「一番安い」ケースも少なくありません。

それを「イニシャルコスト」だけ比較して「高い」というのは「比較の基準が異なる」からです。

ですので、**比較の基準を自社にとって有利になるように設定するのが鉄則**です。

あるいは性能や機能特性を考えると、「導入後の生産性が最も高くなる」ので、「高くても」結局、費用対効果が最大になるのは自社製品、という切り返しも効果的です。

いずれにしても、こうした場面の切り貸しは理詰めで行うのと、エビデンス（証拠）を示すのがセオリーになります。

ここでエピソードを一つ。某システム開発会社でSEをしていたMさんは1人月150万円で某外資系銀行に常駐していました。（1人月とは1人が1ヶ月に行う作業量）

ところが、Mさんは外資系コンサルティング会社に転職、同じ某外資系銀行に常駐することになるのですが、その時の金額は1人月300万円超。「スキルは変わってないのに、看板が変われればコレだよ〜」と笑っていましたが、これが高くても売れている現実を象徴しています。
どの業界でも、「高くても」売れる企業が存在していることから学びたいものです。

2 顧客と良好な関係を保ちつつ価格交渉するには

短答

〝顧客との良好な関係を保ちつつ〟と価格交渉とは、切り離して考えるべきです。まさに「これはこれ、それはそれ」ということで。

価格交渉の鉄則は単に「高いから減額しろ」「25％下げろ」を飲むか、飲まないかにするのではなく、**〝条件交渉〟に持ち込む**ことです。

例えば、「この仕様をこう変更すれば、〇％下がりますし、この電源を〇〇製にすれば、さらに〇〇％下がります」という減額するためのＶＥ（バリューエンジニアリング）提案です。

さらにはその案件だけでの価格交渉にするのではなく、**「過去の貸し借り」という連続性の中で交渉を行って欲しい**と思います。

「前回は、こちらが飲ませて頂いたので、今回はお願いしますよ」というヤツです。

当然、この価格交渉も「未来の貸し借り」につながっていくことも意識しておきましょう。

3 こちらが悪くない時でも謝ってしまう

トラブル時に、まるで口癖のように「スミマセン」を連発してしまう人がいますが、これはダメです。

こちらに非がない場合のトラブル交渉を難しくしてしまうのが第一の理由ですが、お客様からも自社の関連部門からも**「頼りない人物」として軽く扱われるようになる**危険性があります。

かといって口癖を止めようとすると、逆に気になってしまい余計に連発してしまったり、商談中にドギマギしてしまったりすることもあるでしょう。

なので、お勧めの方法は別な「口癖」か表情を意図的に自分に浸み込ませてしまうことです。**「スミマセン」や「すいません」に代わる謝意ではない言葉や表情を見つけてみましょう。**

顧客対応

1 接待（会食、ゴルフ）が苦手

短答

営業の世界にはいって35年以上になりますが、接待に関してはホント少なくなったという実感があります。

さらにそこにコロナ禍ですから、接待の減少にさらに拍車がかかった感があります。

「失われた20年」が「失われた30年」になろうかとしている中で、企業の業績も頭打ちになり、交際費が削減され続けた影響が大きいと思いますが、ゴルフや会食の接待が多くの企業の営業活動の中から消えていきました。

会食やゴルフ接待が残っている業界も、ごく限られてきたという印象があります。

あるいは、経営陣や役職者以上に限定される傾向も。

しかし、この質問は直近のものですし、接待がいまだに残る業界という前提で回答することにします。

正直、相手に気を遣いながら美味しいものを食べても、好きでもないゴルフに行っても楽しくないですよね。

そこで**接待の大原則は「自分が楽しめる店」か「知っている店」を選ぶ**こと。相手側の苦手な食材をあらかじめ聞いておくのはもちろんですが、相手が好みそうな初めての店を選ぶより、自分が好きで相手が好みそうな店を選択するほうがベターです。

ホームゲームとアウェイのゲームではありませんが、**慣れた店であれば苦手意識は解消される**でしょう。

会食の心構えとしては、あなたが苦手でも、相手が楽しんでくれればそれでいいので、心配したり、無理をしたりしないことです。

その上で気をつけたいのは、

- **席順（上座、下座、それぞれが座る位置）**
- **ビールはラベルを上にして両手で注ぐ**
- **ビールや日本酒を注がれる時は両手で受ける**
- **相手のグラスは空になる前に対応する**

・食器は上から持たない
・取り分ける際は取り箸をもらう
・もてなす側を演じる

といったところでしょうか。基本、例のペルソナメソッドで「もてなす側」を演じるのが一番だと思います、苦手とか好き嫌いではなく。

あるいは接待の会食やゴルフは宴会好き、ゴルフ好きの上司や先輩に任せる手もありますが、まずは、演じてみるところから始めるのはいかがでしょうか。

2 担当顧客が多く、なかなか人間関係を深められない

短答

ここは優先順位付けと「一期一会」の徹底でいいと思います。正直、営業的にポテンシャルの低い顧客と人間関係を深めても、数字にはなりませんので、重点顧客を絞って仕掛けていきましょう。

担当顧客が多い場合は、**人間関係は「作る」ものではなく「できる」もの**という発想で、目の前の案件を通じた人間関係の深化を心がけましょう。

こうした場合、何となく会いたくない顧客と会わなくても、一見仕事は回るのですが、営業には「一番会いたくない客に、一番会いたくない時に会いに行け」という格言があります。

これも、真実ですので、**売れる営業になるためには、ポテンシャルが大きいにもかかわらず、会いたくない顧客がいるなら、その人に会うことを実行して欲しい**と思います。

3 地方のお客様対応（なかなか訪問できない）

営業効率を考えると、どうしても二の足を踏んでしまうのが地方のお客様対応です。地方自治体や有力企業など、それなりにポテンシャルはあるのですが、1社訪問しても近隣に次に行く会社がない場合もしばしばです。

それ以上に、案件化の可能性があっても、技術部門が「遠い」という理由で非協力的な場合も「あるある」です。

ところが、地方への営業に限ってはコロナ禍がゲームのルールを変えました。**オンライン商談であれば、地方でも関係ありませんし、技術部門からの同行営業も問題ありません。**

「顧客接点」という言い方をしますが、訪問でも、電話でも、メールでも、顧客接点が多ければ多いほどお客様との関係は深くなっていきます。

コロナ以前でしたら、訪問ができなければ電話、メールで顧客接点をとにかく増やせと指導してきましたが、そこに「オンライン商談」という最強の武器が加わりましたので、ぜひ実践してください。

STEP 2

「売れる営業力」養成講座
交渉・トラブル対応、顧客対応編

1 価格交渉を合理的に進め、受注に持ち込むセオリー

すでに「STEP1」で〝他社と比較して「高い」といわれた時の切り返し〟〝顧客と良好な関係を保ちつつ価格交渉するには〟といったテーマで価格交渉について解説しましたが、一度、整理をしておきましょう。

入札以外の営業においては、最初の見積金額のままで受注に至ることなど滅多になく、ほとんどが価格交渉を伴います。 しかも、お客様はよりいいものをより安く買いたいわけですし、逆にあなたはできるだけ高く売りたい。完全に逆の立場です。ここでは、その価格交渉を合理的に進めて受注に持ち込むセオリーについて解説します。

❶ 相対的に有利なポジション取り

価格を独り歩きさせてはいけません。有利な土俵で戦えるように、その土俵の設定に腐心するのです。例えば、自社が有利になるような仕様の設定になるように交渉する。**自社にしかできない技術、自社が得意とする技術が有利に働く提案にする**といったことです。

❷ ベネフィット訴求

これも価格の前に、自社の提案が技術によって相手の会社や相手がどんな恩恵を得るのか。その恩恵がどんなプラスをもたらし、売上やコスト削減にどれだけ貢献するのかということを充分に印象付け、「そのためのコストとして」という**常に費用対効果の「効果」アピール型で交渉を進めましょう。**

❸ 積算根拠

「なぜ、御社だけ他社より2割も高いの？」と質問されたり、腹の中で思われている時には、必ず、**その金額となる積算根拠が必要**になります。

「6年前の○○の試作と比較し、金型が○%、部品が○%アップしただけでなく、そもそも半導体がひっ迫して手に入らず…」というエビデンスが提出できれば、少なくとも交渉の

〈 価格交渉7つのセオリー 〉

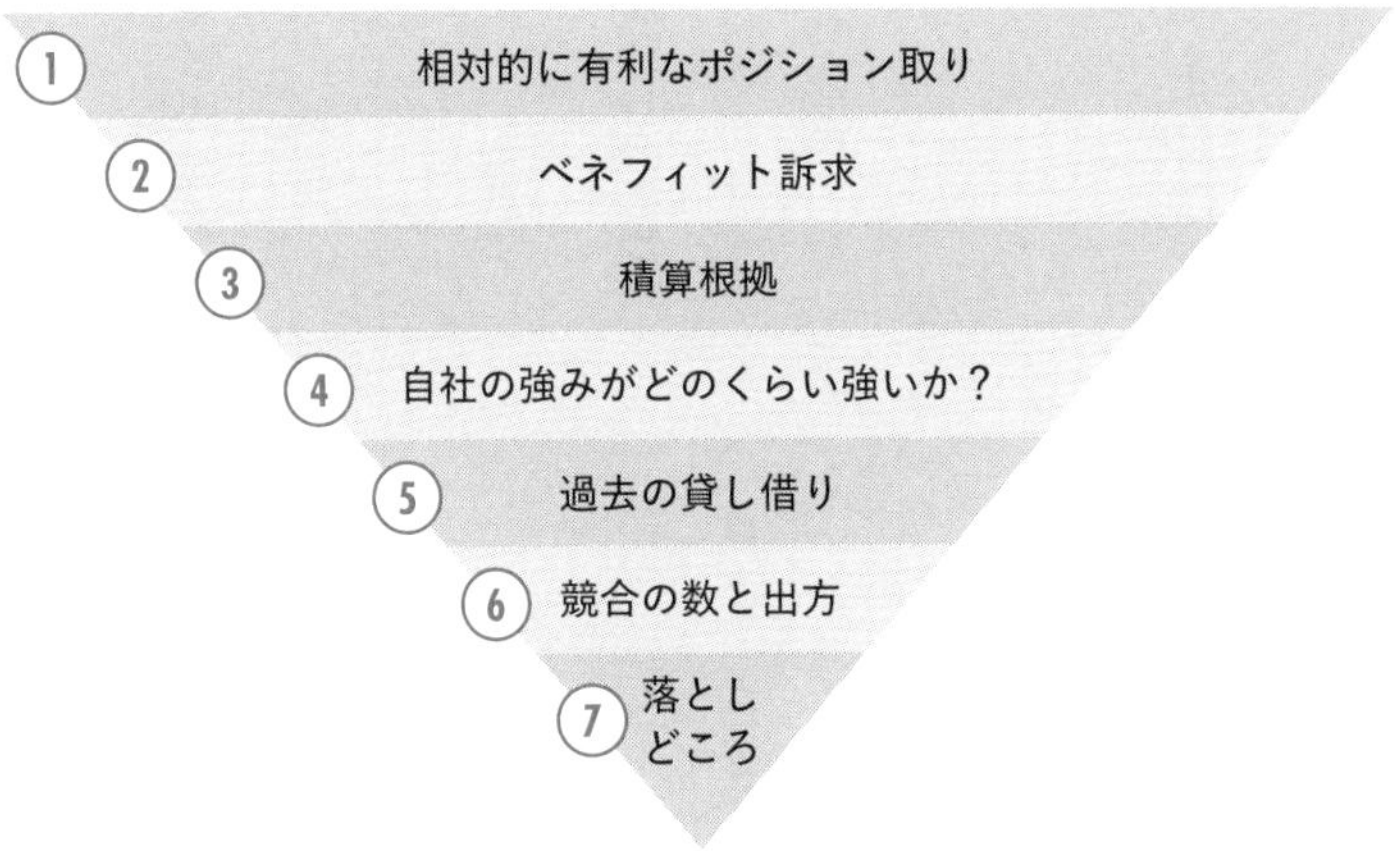

1. 相対的に有利なポジション取り
2. ベネフィット訴求
3. 積算根拠
4. 自社の強みがどのくらい強いか？
5. 過去の貸し借り
6. 競合の数と出方
7. 落としどころ

テーブルには着いていられます。

❹ 自社の強みがどのくらい強いか？

ここが、価格交渉のキモとなるのですが、自社の強みが相対的に競合と比較してどのくらい強いのかという事実です。

強い、やや強い、どっこいどっこいなのかで、手持ちのカードの強さが違うわけですから、強いなら強気に、やや強いならそれなりの強さで、どっこいどっこいならばそれをわきまえた上で交渉に臨むようにしましょう。

❺ 過去の貸し借り

継続取引の中で過去の「**貸し**」の残高が残っている場合は、それを**交渉材料**にすべきですし、逆に「**借り**」があるとその案件の交渉力は弱くなりますので、注意しましょう。

❻ 競合の数と出方

競合の数が多ければ多いほど**競争力**は相対的に低くなりますし、既存の納入先が自社であったとしても切り替えや供給先の変更が容易であれば、競争が激化するために交渉力は弱まります。

❼ 落としどころ

交渉事ですので、必ず、**落としどころとしての金額は自社内で調整して設けておきましょう**。何段階かになる場合もありますが、最終的な落としどころとしての金額で受注できないなら、「取るか、捨てるか」の後者にならざるを得ないことも出てきます。

2 トラブル処理にあたっての営業パーソンの心得

営業という仕事をしている限り、必ずついて回るのがトラブル処理です。**自分のミスでな**

いトラブルでも、矢面に立って対応するのは当たり前。
激怒するお客様の前でそのトラブルにいかに向き合うか、ここではトラブル処理の対応と心構えについて共有していきます。

❶ 営業が守るべき大原則と3原則

まずは、トラブル時の大原則ですが、「初動のスピード」です。トラブル処理は非定型業務ではありますが、必ず起こるという前提で**「有事の際」の業務フロー**（この後に一例を示します）を部内で共有しておきましょう。

その業務フローに沿って、**とにかく〝初動を速く〟です。**そういう意味では消火活動と同じですから、〝一刻を争う〟というスタンスで臨みましょう。

営業パーソン個人が速やかに上司に報告しておけば、小火（ぼや）にすらならなかったことが、その報告をズルズル引き延ばしたり、自分で何とかしようとしているうちに大炎上になってしまうことも少なくありません。

マイナスな報告ほど迅速に上司や関係部門と共有し、速やかに対処に移りましょう。

お客様がトラブルの際に見ているのも、〝初動の速さ〟です。トラブルを収束させる時間が同じであったとしても〝**初動の速さ**〟**は不安や怒りを軽減させる効果が確実にある**のです。

その上で、トラブル対応の3原則も紹介しておきましょう。

(1)―ウソをつかない、隠さない

顧客に対しても、逆に社内に対しても、ウソをつかない、隠さないのが鉄則です。ウソまではいかなくても、とっさに矮小化させたり、ごまかそうとしてしまうと、小さなウソを隠すために、その後どんどん大きなウソが必要になって、収拾がつかなくなってしまいます。**隠ぺいしようとしても、このデジタル時代ですから事態は必ず明るみになる**ので、トラブルには真摯に対応しましょう。

(2)―キメ細かくフォロー

トラブルの原因が特定できずに、お客様を待たせてしまうことも少なくありませんが、そういう時ほど、小まめに現在の状況を報告するようにしましょう。

前回の報告から、何の進捗がなくても、**お客様が上司や関係各部門への報告のために情報を待っているということを忘れず、「今、何をやっていて、どうなっているのか」を特段の進捗がなくても報告する**ようにしましょう。そのコミュニケーションラインの密な継続が大事

なのです。

(3)ーバランスを保つ

バランスというのは、**トラブル時、クレーム時に営業パーソンが顧客側を向くのか、自社の関連部門側を向くのか**ということになります。

顧客の側に立ち過ぎて、顧客を代弁するかのように自社の関連部門に対応すると、「どっち向いて仕事してんだ」とソッポを向かれますし、逆に関連部門というか自社側の立場に立ち過ぎると顧客からの信頼を失うというトレードオフ状態です。

ここは、営業としては、自社、顧客のバランスを保つしかありません。

❷ 信頼の源泉

「トラブルなんて、百害あって一利なし」と思いがちですが、**実はトラブルというのは顧客との信頼構築の絶好のチャンス**なのです。

新旧の営業パーソンが営業で最も大切なものとして、「顧客との信頼関係」をあげるでしょう。ですが、この「顧客との信頼関係」がどこで生まれるかですが、一番多いのが、トラブル処理に違いありません。

マイナスをゼロに戻す行為にもかかわらず、それが信頼の源泉となるのです。

信頼は何かの結果、生まれるものです。それがトラブル処理なのですから、チャンスと考えて取り組むのが得策です。

❸ 他人がしでかしたことだから、冷静になれる

製品の不具合、誤配送、納期遅れなどビジネスには様々なトラブルがつきものですが、**これらは全て営業パーソンのミスから引き起こされたものではありません。**

それにもかかわらず、そのトラブルの矢面に立って、事態収拾の顧客との窓口になるのが営業パーソンです。

トラブルの多い業界で執行役員にまでなった知人に「どういう心構えで臨んでいたか」を尋ねたら、「他人がしでかしたことだからこそ、冷静になれる」と。

客観的なポジションに自分を置く、という秘策を教えてくれました。

❹ 陽転思考

自分にとってイヤなことが起こった時に、その起こってしまったマイナスなことの頭に、「**せっかく△△△が起こってしまったので、～**」とつけて、「～」以降に何が入るかを考える

思考法を陽転思考といいます。

いわゆる**ポジティブ・シンキングを自動的に引き起こす方法**ですが、メンタルヘルスケアにも非常に効果がありますので、使ってみてください。

「**せっかく○○社で品質事故が起きたのだから〜**」という場面、あなたは「〜」にどんなフレーズを入れますか？

❺ 表情で演じる

トラブルやクレームの原因が自社側にあると判明している際の、相手先や現場への訪問。最も緊迫する場面ですが、**言葉を交わす前、相手と目が合った瞬間に表情かジェスチャー、あるいはその両方を用いて謝意を示しましょう。**

状況が分かって、すでに謝意を表している人に対しては、怒気はぶつけにくいものです。まずは怒気の矛先を納めてもらい、善後策のすり合わせからスタートできるように**表情でメッセージを送りましょう。**

3 トラブル対応の業務フロー

トラブル対応の業務フローについては、業界によって異なるのはもちろんですが、参考になる見本があったほうがいいので、なるべく多くのプロセスを経る例を紹介しておきます。

なお、トラブルが発生した際の対応は、契約書に細かく記載されている場合と、「お互い誠意をもって〜」で片づけられてしまっている場合とがあると思いますが、**責任が自社の側にあることが判明するまでは安易に謝罪すべきではありません。**

その後の交渉の障害になるリスクがあるからです。

逆に、はなから自社の非が明確な場合は、謝罪からスタートするのは当然のことでしょう。

❶トラブル原因究明のための情報収集、現品回収

トラブルの原因が不明の場合、謝罪より前にすべきことは、**原因究明のための情報収集であり、メーカーの場合は現品の回収**です。

❷トラブルの波及範囲の共有

さらに原因究明に向けた情報収集や分析と並行して、**起きてしまったトラブルがどの程度**

まで波及するのか、その範囲を共有することを忘れないでください。

❸ 原因究明、原因の特定

トラブルを一気に収束に向かわせるには**原因究明、原因の特定が不可欠**ですので、過去の経験を駆使して、全力で対応しましょう。経験値がモノをいうプロセスです。

❹ 復旧、対応策の検討、実施

原因が特定されたら、後は復旧、対応策の検討、実施に移りますが、ここでも**顧客と小まめに情報を共有**すると共に**スピード感を意識**しましょう。

❺ 責任区分の明確化

原因が特定された時点で、責任区分を明確にしなければなりません。ここを明確にしないと補償交渉がこじれますので、**「あうん」の呼吸ではなく、エビデンスを示しながら共有**しなければなりません。さらには議事録を残し、相手の確認サインをもらっておけば、後の「いった、いわない」「そういう意味でいったのではない」という齟齬(そご)は防止できます。

❻ 補償、費用負担の交渉

責任区分によって補償交渉が行われますが、不思議なことに、売り手、買い手とも少数の業界の場合は、そのトラブルの費用負担のやり取りのはずなのに、前回や前々回のトラブル時の費用負担の実績が交渉材料として持ち出されることがしばしばあります。

「(過去の)貸し借り」という言い方をしますが、ここも**「落としどころ」を意識しつつ、交渉**に臨みましょう。

❼ 再発防止策の明示

トラブル処理は、事態を収束させ、場合によっては金銭的な補償を支払ったら「終了」ではありません。

再発防止策の明示まで終えて、「終了」です。

それというのも、残念ながらトラブルは必ず起こります。そのトラブルの原因、対策の蓄積の厚みが経験値として、改良やアップデートに活かされるだけでなく、**次のトラブル対応のハンドリングに活かせる**からです。

〈 トラブル対応の業務フロー 〉

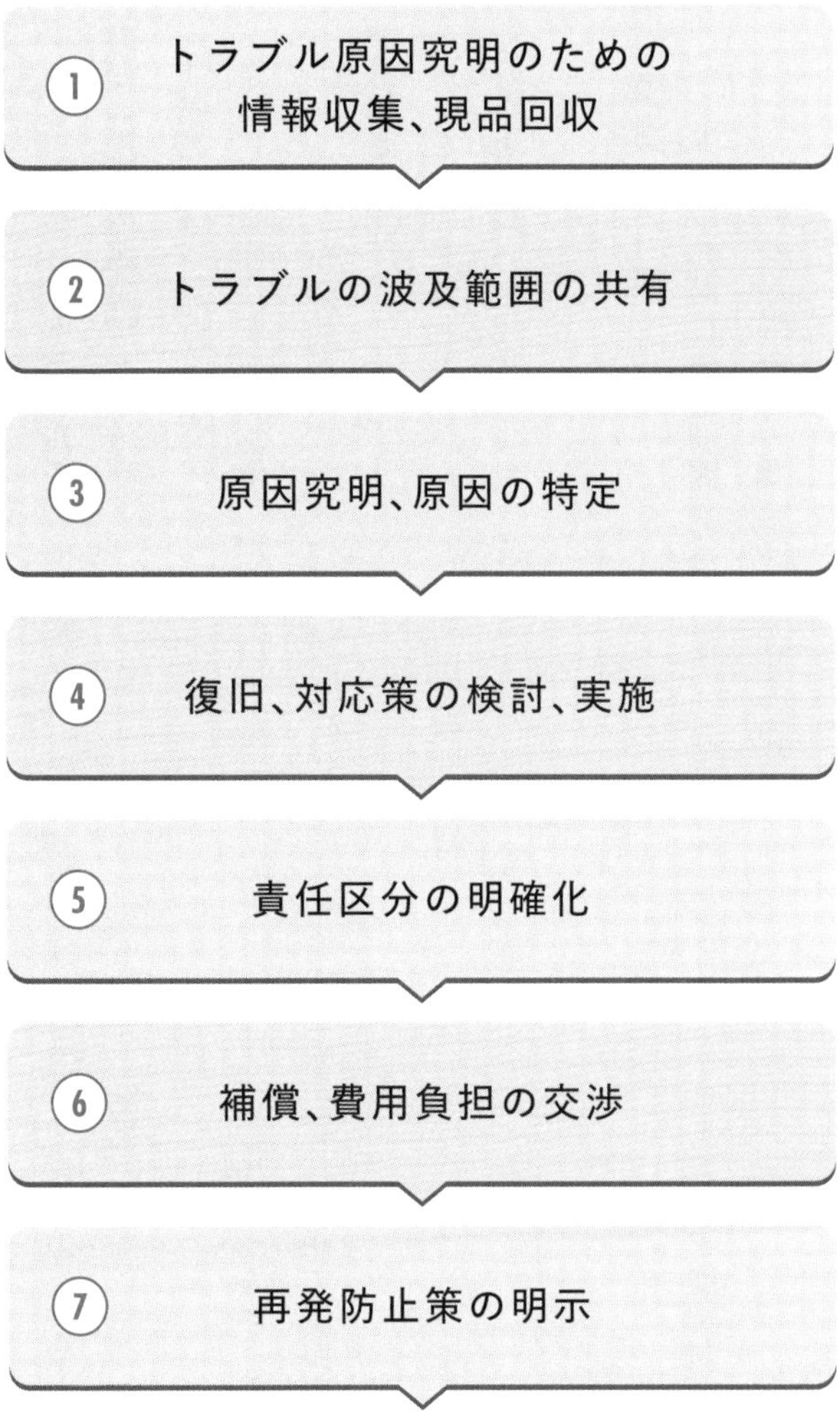

① トラブル原因究明のための情報収集、現品回収

② トラブルの波及範囲の共有

③ 原因究明、原因の特定

④ 復旧、対応策の検討、実施

⑤ 責任区分の明確化

⑥ 補償、費用負担の交渉

⑦ 再発防止策の明示

4 トラブル対応の作法

トラブルというのは、**トラブルそのものよりも、その初動の速さや遅さ、報告の仕方や向き合い方が「信頼の源泉」**となったり、はたまた「出禁」という最悪の結果をもたらしてしまうから厄介なのです。

トラブル対応には作法があります。現場や相手先に出向かなければ「こじれる」のに、電話で済まそうとしたり、はたまたメールで済まそうとして相手の逆鱗に触れたりする営業パーソンもいます。

顧客から「ことの深刻さが分かっていない」と怒りを買うことがないように、ここではトラブル時の作法について共有しておきましょう。

❶ 訪問、電話、メール

とにかく、**トラブル時は直接訪問が基本**です。ただし海外や地方、コロナ禍で直接訪問がままならないなら、オンラインや電話での対応もやむを得ないでしょう。

最初に訪問してしまえば、途中経過は電話でも構いませんが、メールだと文面が長くなったり、ニュアンスが伝わらないリスクがあるので、データを共有したい時などメールを送らざるを得ませんが、**先に電話でフォローしておく**ほうがベターです。

❷ 書面

トラブル対応の際の議事録、報告書、経緯書といった書面が必要なのに、**口頭で済ませようとすると、トラブルのハンドリングという意味では墓穴を掘る可能性がある**ので、注意したいところです。

❸ 手紙

これは、自社側に非のある場合は謝罪の意味を込めて、自社側の非ではない時はトラブルという事象が発生したことに対する気持ちの表明ということで、**手紙は、その後の関係を強固にする効果**があります。

5 謝罪する場面と謝罪してはいけない場面

明らかに自社や営業パーソンに非ある場合は、とにかく迅速に謝罪です。その際、謝意が伝わらない謝罪では効果がないので**声、表情、ジェスチャーで思い切り謝りましょう。**

また、「切腹最中」（新正堂）という伝統的小道具もありますので、その節にはご利用ください。

逆に、**謝罪してはいけない場合は、自社に非がない場合とまだ非があると判明していない場合。**すでにSTEP1で述べたように、相手のガス抜きのために軽々に謝罪してしまうと、その後の交渉の主導権を相手に取られてしまうからです。

場合によっては、そのトラブルの火消しにかかったコストをこちらから請求することもあるので、謝罪の言葉は避けましょう。

では、原因が未判明での訪問時や電話での最初の言葉をどうするかですが、「**ご不便をおかけします**」「**ご心配をおかけいたします**」といったニュアンスでしょうか。

6 令和の時代の接待の考え方

交際費の削減や働き方改革によって接待が逓減する中、コロナ禍によって止めを刺された感がありますが、ワクチンや集団免疫による新型コロナの収束とともに復活するのは間違いありません。

そこで、令和の時代の接待の考え方を共有しておきたいと思います。

お客様との懇親会的な接待は、できればやったほうがいいです。目的は情報交換とやっぱり懇親です。

何やかんやいっても、懇親会は親密度が高まるのです。

会食やゴルフといった従来の考え方にとらわれず、フットサルでもテニスでも囲碁でも釣りでも共通する趣味があれば、どんどんやるべきです。

交際費が削減されているなら、会費制でも、変則会費制でもやったほうが営業にはプラスになります。

お酒が飲めなくても、応接室から会食に場所を変えただけでモードも変わりますし、リラックスする分だけ、いつもと会話の内容も変わり、相互理解が進むはずです。

そこで、会食のお店選びなのですが、**ご自分の「これ」という店をバリエーションに応じて何店か持っておく**ことをお勧めします。

あくまで和食、洋食、個室と用途に応じてで、高いお店の必要はなく、予約サイトで探すのではないイメージです。

会社や部門で贔屓（ひいき）にしている店は無難ですが、そこに自分の「とっておき」の店を加えていきたいのです。

世の中には、「へぇ～」という〝目玉〟があって、めちゃくちゃおいしくて、リーズナブルな店が山ほどあります。

もちろん、上司や取引先にそういった店をこっそり教えてもらうのもいいでしょう。「マグロの中落ちを骨から直にスプーンで削って食べる店」「北海道民をうならせるウニのある店」とか**〝目玉〟をお客様に形容できる店を選定基準にする**といいと思います。

7 素のままの「あなた」から、理想の営業パーソンを「演じる」という発想へ

よく「Aさんは営業向きだ」とか「私は営業パーソン向きではない」という言い方をしますが、**真実は「営業に向き、不向き」なんてありません。**それらはホントのようなウソの話といっていいでしょう。

世の中、「見た目はパリッとした営業マンなのに、全然売れない人」や「そもそも営業パー

ソンにすら見えないのに、トップセールス」だらけです。

営業の世界、タフな心臓を持っていても、売れなければ「ただの鈍感な人」です。逆にあなたの中の「繊細さん」は営業上の強い武器にもなりますが、反面、心をすり減らしてしまう凶器にも成り得ます。

営業として精神面を疲弊させないために、絶対にお勧めしたいのが、理想の営業パーソンを「演じる」という発想です。

そう、すでに紹介した**ペルソナメソッド**です。

素のままの「あなた」以外のキャラクターを演じてみましょう。できれば、相手が好みそうな営業パーソンを演じる。

元気で明るい営業パーソンを演じる。冷静な理詰めの営業パーソンを演じる。共感力の高い営業パーソンを演じる。

基本は近くにいるそうした上司、先輩、同僚の営業パーソンを模倣してみることです。

商談の冒頭だけで構いません。

実は、私たちには、すでにそのスキルが備わっています。子供の頃、家では自分のことを

「ボク」と呼んでいるのに、学校の同級生との会話では「オレ」と呼んでいるようなことがありませんでしたか？

その時点で「ボク」と「オレ」という2つのキャラクターを演じていたはずです。

そして、私たちは誰かの娘であり、弟であり、兄であり、姉であり、先輩であり、後輩でありとその相手との関係性の中で複数のキャラを演じ続けてきたはずです。

それと同じなんです、営業は。

ですので、「素のまま」の自分ではなく、**顧客に合わせた、相手が好むであろう営業パーソンは簡単に演じられる**のです。

それが売れる営業パーソンの正体です。

8 それでもイヤなお客様、苦手な顧客に当たったら

正直、イヤなお客様もいますし、苦手なお客様もいます。新規開拓営業がいいのは、「この人、イヤだな」という出来事があったら、極端な話「こちらから願い下げ」にして、別の顧客を開拓すればいいいだけの話です。

〈 ペルソナメソッドで相手が好む営業を演じる 〉

ところが、アカウント営業、ルートセールスではそうはいきません。

最近では「カスハラ（カスタマー・ハラスメント）」の概念が広がってきているのは好ましいことですが、まだまだ浸透には至っていません。

そこで、ここではイヤなお客様、苦手な顧客に当たってしまった際の対処策を3ステップで紹介しておきたいと思います。

まずは、最初のステップは例のペルソナメソッドで、そのイヤなお客様が好みそうな営業パーソンを演じてみましょう。

それで、効果がなかった場合は**「精神分析医」を演じるステップ**に移ります。

これは「なぜ、この人はどんな背景や人生があって、イヤな顧客と感じさせてしまう人になってしまったのか」を断片的な情報を引き出しつつ推測するのです。

そうすると、**「その人と自分」という対立関係から一歩離れたところで相手を客観視する視点ができる**ので、「イヤな感じ」の直撃を受けた感が軽減します。

さらには、「イヤな感じ」を因数分解するというか、推測でもいいので、「こういう背景があって、この人はこういう人となりになっていった」という「解釈」が自分の中で成立すると、あまり気にならなくなってきます。

それでもダメな場合は最終ステップになりますが、これは**「死神」を演じる**ことになります。これはヨーロッパの執事や召使の文化から生まれた方法ですが、それが接客業に伝播、営業の世界にも伝わってきたという流れです。

要は、**「このお客様は3ヶ月後に死ぬ。そのことを知っているのは自分だけ。さて、この3ヶ月でこの人に何をしてあげられるか？」と自分自身に問う**、という方法です。

この方法を持ち出すことがないことを祈りますが、最後まで使うことのない最終兵器としてお守り代わりに持っておいてください。

第9章

売れる営業になるための社内営業と商談管理

STEP 1

つまずきやすい場面への一問一答

～営業パーソンの生の声へのアドバイス～

社内営業

1 顧客からの見積り、納期、技術的質問に対する工場側のレスの スピードが遅い

短答

企業によっては顧客への営業より、自社の関連部門への「社内営業」のほうに骨が折れるということも少なくありません。

いわゆる伝統企業でよく聞かれる話です。

見積回答が遅くなってしまうのは、積算コスト集計に時間がかかり、何重もの社内手続きといった冗長な決裁プロセスだけでなく、現場が減員され、限られた人数で案件を回してい

るから、という場合もあります。

これ、構造的な問題ですので、技術部門、製造部門が主役で営業部門が脇役の大手製造業などでは、いくら営業パーソンが頑張ったところでなかなか変わるものでもありません。

この積年の課題を解決した企業を知っていますが、ボトルネックとなっていた箇所を増員しました。そしてさらに、工数はかかるものの利益が少ない顧客の仕事からフェードアウトしていったことです。その結果、利益は4倍になりました。

これらは経営判断によってなされたことですが、共有したいのは改善する方法が「ある」ということです。

そもそも見積回答、納期回答といった業務プロセス自体が10年後にあるのかどうかも微妙なAI、DX時代ですから、営業がその辺りの業務改善のたたき台を作って、うまく根回しして、業務改善を進めて欲しいと思います。

自社が納めたプラントの改修案件であったり、よほどの技術優位性がないと、見積り、納期、技術的質問へのレスが遅い会社というのは、営業場面で「負け」が目立ち、あっさり競合やベンチャー、新興国企業に追い抜かれることになりかねません。

そんな事態にならないように、全社を巻き込んだ業務改善、改革の機運を醸成させるのも大切な「社内営業」の仕事です。

2 設計、生産管理部門とのレベル合わせができていない

近親憎悪とまではいいませんが、同じ会社であるはずなのに、どうしてもお互い「営業―設計」「営業―技術」といった風に利害が対立する関係で考えがちです。

よくあるのが、**営業は設計部門に対し、「売れるものが作れない」と思っているのに対し、設計部門は「作ったものを売ることができない」と思っている**ことです。

どっちもどっちなのですが、対立関係に慣れてしまうとコミュニケーションまで疎かになってしまいますので、まずは「私たち」という主語を使うようにして、日常的なコミュニケーションを密にするところから始めましょう。

いわば「無限のベクトル合わせ」になりますが、営業と設計それぞれのベクトルの向きは同じ方向でなくても、ベクトルの和は最長になるはずです。

顧客満足の最大化という共通のゴールがあるはずなので、そこに向かった絶え間のないコミュニケーションを行いましょう。

商談管理・案件管理

1 確度が見えない案件をどのように確度を上げていくのかが、自身の中にロジックがない

受注確率90%以上、70%以上、50%以上といった受注確度になれば、確かにその確度を上げていくロジックは見えやすくなりますが、問題はまだ、その確度が見えない案件。

リクルート時代は受注確度を「**ヨミ**」という言葉を使って「**ヨミ表**」という管理帳票で管理しており、私の事業部では90%以上を**Aヨミ**、70%以上を**Bヨミ**、50%以上を**Cヨミ**そして確度が見えない案件は「**タマ**」と呼んでいました。

（ちなみに30%以上をCヨミにしたほうがシックリくる場合も少なくありません）

〈 INS 東京営業部　渋谷営業所　ヨミ表　の例 〉

名前　大塚サプリ

202X 年 5 月 X 日

Q目標	25,000
現在	10,350
達成率	41.4%

（千円）

	4月	5月	6月	第1Q計
目標	6,000	9,000	10,000	25,000
実績	6,200	4,150	0	10,350
達成率	103.3%	46.1%	0	41.4%
不足	☀	4,850	10,000	14,650

	社名	金額	社名	金額	社名	金額	第1Q計
受注済み	A〇A	2,200	日〇製鋼	3,000			
	日〇鋼管	1,800	メモリ〇ナス	1,150			
	〇藤産業	1,200					
	暁〇印刷	800					
	日本〇〇工業	200					
受注済計		6,200		4,150		0	10,350
Aヨミ			東京〇〇工業	1,200	〇田建設	1,000	
			〇央産業	1,000			
Aヨミ計				2,200		1,000	3,200
Bヨミ			栃〇製紙	1,200	東〇実業	2,000	
			西〇工業	800			
Bヨミ計				2,000		2,000	4,000
A＋B				8,350		3,000	11,350
Cヨミ			オリ〇ン電気	2,000	共〇電気	1,400	
			岡〇工業	1,200	山〇化学	2,200	
					ネ〇ン	750	
Cヨミ計				3,200		4,350	7,550
A＋B＋C				11,550		7,350	18,900
タマ			サ〇タインク	800	富士〇産業	3,500	
			〇日東圧	600	アナウ化粧品	1,600	
			ザ〇ペック	1,000			
			ト〇コ油化	1,400			

さて、その「タマ」の確度の上げ方ですが、まずは相手の出方を待つのではなく、自部門でのCヨミの基準に則って、まずはCヨミに格上げになる「次の一手」を能動的に講じることです。

Cヨミの基準が複数ある場合は、「タマ」ごとに最も難易度の低い基準をクリアするための「次の一手」を展開するようにしましょう。

2 売上の良い月と悪い月がはっきりしている

短答

自分自身も営業マン時代にそういう傾向がありました。当時、四半期で業績が管理されていたので「四半期で目標達成すれば文句はないだろう、月ごとの数字なんて…」と思っていました。

ところが、上司からは私のような月々の変動の大きい営業パーソンは数字が読めないので、使いにくいといわれたことがありました。

上司がいいたかったのは「**四半期で目標達成する力があるのだから、もっと進めて月々の**

数字も全てクリアできるようにストレッチをかけたほうが営業力が成長する」ということだったと思います。

もちろん、みなさんの業界によっては、受注自体が年に数回という営業もあるでしょうし、数年に1回という場合もあるでしょう。

ですので、ここではコンスタントに毎月受注が数回ある業界という前提です。

そうした業界で、**「売上の良い月と悪い月がはっきりしている」状況を改善するには、まずは「ヨミ表」で自身の全ての案件の受注確率を見える化する**ことです。

その上で、売上の悪い月を出さないようなやり繰りを行う。

基本は受注の「前倒し」です。ホントは決まりそうな案件をわざと「後ろに倒して」月々の数字を平らにするほうが楽なのですが、それをやってしまうと小手先のコントロールなので、営業パーソンとしての成長には歯止めがかかってしまうので、注意してください。

3 目の前の仕事に精一杯で、来期、再来期に予算まで手が回らず、成績が安定しない

短答

数字の「刈り取り」に夢中になって、期末になって来期の「種まき」ができていなかったことに気づき、またゼロから「種まき」…といったことの繰り返し。

これ、多くの営業パーソンの性（さが）ではないでしょうか。

営業パーソンは狩猟民族と思われがちですが、「業績の安定」という意味では農耕民族の要素が必要となります。

つまりは中長期的な視野に立った種まき、水やり、刈り取りのコンビネーションです。

期末に「刈り取り」に集中するのはもちろんですが、それ以外の時には計画的に来期、場合によっては再来期の仕込みを行いましょう。

これは、頭の中ではなく、必ず営業計画として立案し、定期的にチェックすることです。

そうすることによって自身が主導権を持って業績をコントロールできるようになるはずです。

STEP 2

「売れる営業力」養成講座
社内営業・商談管理編

1 関連部門から支持される営業パーソンになるには？

正直にいいますが、設計、技術、SE、工場、スタッフなど営業の関連部門は営業パーソンを格付けして対応しています。公平になど扱っていません。

関連部門や後方支援部門との関係がものをいうのは「いざという時」です。短納期対応や特注対応、専門知識が必要な場面、トラブル時に我がことのように気持ち良く支援してくれるのは組織権力による命令があるからではないでしょう。

あなたには、ぜひ、**関連部門から支持される営業パーソンになって欲しい**と思います。

そのベースとなるのは一蓮托生のパートナーシップですし、それは日常的な〝ちょっとした配慮〟から生まれるものでもあります。

ここでは、そうした営業パーソンに共通する3つの特性について解説しておきます。

❶貸し借り残高を常に「貸し」超過に

企業の業務において、営業だけで完結するものなどほとんどないに等しいでしょう。必ず、部門をまたいで業務が流れていくはずです。

「売ってきたので、後はよろしく」的な丸投げ営業パーソン、非協力的営業パーソンは関連部門からは嫌われます。

「あの人の仕事は…」というレッテルを貼られてしまうので、いざという時に協力を取りつけることができません。

営業の業績が高ければ高いほど、重点顧客を担当すればするほど、顧客からの無理難題を背負い込むことになります。そんな時に、**無理を承知で依頼し、依頼されたほうも「やることを前提で」前向きに対応してくれるのは、日常的な貸し借りの残高を常に「貸し」超過にしておくから**です。

それが社内営業の王道であるということを、心に刻んでおいてください。

工場のミスを背負って、顧客との交渉の矢面に毅然として立って技術者を守り、テストしてみたい技術を試せる顧客を探し、開発に役立つ顧客の声を伝えるといった日々の行動を大切にしましょう。

❷ 密なコミュニケーションとフィードバック

技術やSE、設計部門が嫌うのは「同行依頼は簡単にいってくるのに、その後のフィードバックがない」ということです。案件化したのか、しなかったのかすら知らされないケースも少なくありません。

〝案件化しなかったから、フィードバックする必要がない〟と営業は判断したのかもしれませんが、そうなると、〝そんな確度の低い案件に技術を巻き込まないでくれ〟と思われ、次から協力が得られなくなる可能性も出てくるのです。

関連部門は協力的な営業パーソンを優先させますので、そうではない人の営業成績は低迷してしまいます。

そうならないようにするためには、**フィードバックは必須**ですし、それ以外でも密なコミュニケーションを心がけるようにしましょう。

❸ ネットワークを築く

他の人より努力も苦労もしていないのに、コンスタントに業績のいい営業パーソンがいま

〈 関連部門に支持される営業パーソン3つの特性 〉

1 貸し借り残高を常に「貸し」超過に

工場のミスで納期に遅れてしまった
大丈夫です。先方には私からも説明して謝罪をしておきます

2 密なコミュニケーションとフィードバック

設計部門には案件化しなかった理由が届きにくい
先日同行頂いた○○社ですが今回導入を見送った理由は………

3 ネットワークを築く

良ければ営業と技術部門で親睦会を開きませんか？
たまにはいいね！

す。「要領がいい」というわけでもないのですが、**そうした売れる営業パーソンに共通しているのが、営業以外の関連部門にネットワークを築いていることです。**

そのネットワークによって、会社のどこに何に強い人がいるかを把握しているので、顧客のニーズに迅速に対応することができます。

こうしたネットワークは待っていても「できる」ことはないので、あなたが「いい出しっぺ」になって定例会よりもっとカジュアルな意見交換の場、交流の場をスタートさせてみてはいかがでしょうか。

2 社内外の人脈が営業力を倍増させる～人脈の築き方～

社内外の豊富な人脈を持つことが、営業力にドライブをかけてくれることはいうまでもありません。

ですが、そんな人脈が一朝一夕に築けるものではありませんし、その築き方もよく分からないという人もいます。

そもそも人脈は「作る」ものなのか、何かの結果「できる」ものなのか、という議論もあります。

そこで紹介したのは「**T字型人脈**」という考え方です。横棒は人脈を「広げる」、縦棒は人脈を「深める」というか、絶対的な支持者を得るという発想です。

まず、横棒の「広げる」という意味では、私は「360度人脈」という考え方を推奨しています。

「きっと営業に役立つから」という打算ではなく、PTA、マンションの管理組合理事、同窓会幹事といった〝名刺が何の意味も持たない〟コミュニティーにさえ人間関係を広げていって欲しいと思います。

「友達の友達はみな友達だ」ではありませんが、こうした人脈が営業につながる間接的な有力情報や、営業のとっかかりをもたらしてくれることも少なくないのです。

誰も手をあげない幹事や学校の役員に手をあげるのも、手っ取り早い方法です。幹事になって全体を回す経験は、いい回し方ができれば人が寄ってくるので、その後のキャリアに活きる貴重な経験となるでしょう。「MBAよりPTA」といわれるゆえんです。

次に縦棒の「絶対的支持者」ですが、よく「100人の知人より1人の絶対的支持者を持つほうが成功しやすい」といわれますが、これも一面の真実だと思います。

それが顧客であればすばらしいですし、上司、先輩、同僚、後輩であっても、関連部門の関係者であっても構わないので、そこを意識してください。

3 案件のステータスチェックと「次の一手」は一緒に管理する

STEP1で「ヨミ表」の話をしましたが、その呼称はともあれ、**営業パーソンにとって案件の「受注確率」「受注金額」「受注時期」の3点をできるだけ正確に把握することは必須です。**

その際、最も重要なのが**「その根拠」となる事実**です。推測が増えれば増えるほどヨミの精度は落ちるので、できるだけ「根拠」となる情報を商談の中で集めてくるのです。

前の章で「雑談の意義」について解説しましたが、雑談の場、エレベータートークの中で入手したいのが、この根拠となる「情報」なのです。

営業のプロセス管理の柱となるのも、案件のステータス（受注確度）チェックになりますが、受注確率が30％以上なのか、60％以上あるのか、90％以上なのかを判断する根拠、もしくは定義を明確にすることからスタートします。

定義の一例を、設備系メーカーで紹介すると、

Aヨミ（90％以上）：内定
Bヨミ（70％以上）：仕様書提出、現場内定、不安要素アリ
Cヨミ（30％以上）：サブコンは受注、その先をメーカー3～4社で競合
タマ　（未定）　：自社スペックでやりたいという意向の引き合い

といった感じです。

ちなみに「タマ」というのは、まだ30％の確度に満たないか、その期間には受注にならないが案件としては存在しているステータスです。「ネタ」と呼ばれることもあります。

この時にセットで取り込んで欲しいのが、ステータスを1ランク上げるための「次の一手」もしくは「次の動き」です。この「次の一手」の結果がどうなったのかを踏まえて、再び「次の一手」を講じてステータスを上げていき、最終的に受注に持ち込めるようにするのが営

業マネジメントです。

4 「何がニーズ」「何がネック」「次の一手」とシンプルに管理する

案件のプロセス管理、進捗管理ですが、**「何がニーズ」「何がネック」「次の一手」という3視点で行う**と理にかなった進捗管理になるので、受注率は最大になります。

タマ→Cヨミ→Bヨミとステータスを上げていくと言葉で表現するのは簡単ですが、現実はそんなにトントン拍子には運びません。そもそも「次の一手」さえ思い浮かばないことも少なくありません。

そんな時に立ち戻りたいのがそもそも顧客の「何がニーズ」だっただろう、という出発点です。ニーズが明確で、そのニーズを解決する製品やサービスがある。だから案件化したわけですが、それで受注できないとすれば、**何かがネックになっている**からです。

そこで「何がネック」かを推測するか、その情報を集め、分析した上で「次の一手」を立案するという流れになります。

5 業績に直結させるSFA、管理帳票の賢い活かし方

営業パーソンにとって日報や営業管理帳票、はたまたSFA（営業支援システム）への入力は、やらされ感満載の「できるだけ省力化したい」業務の一つなのではないでしょうか。

その理由は単なる報告のためのツールになっていて、**自身の営業成績の向上にはほとんど役に立っていない単なる事務作業になっている**からです。

もちろん、経営側や管理職にとっては、予算や目標の進捗、見込みをリアルタイムで把握するためには管理帳票は必要不可欠ですが、正直、業績伸長にはつながっていない運用も少なくありません。

営業マネージャーが上司や本部への様々な報告資料の作成に追われ、部下の一つひとつの案件や進捗に向き合えておらず、同行営業や部下の育成のための時間が十分に費やされていないケースも散見されます。

しかも、現在は営業マネージャーといってもプレイングマネージャーが多くなっていて、自分の数字も追いながら、そうした管理帳票の取りまとめ、報告資料の作成、報告のための会議に追われて、部下の日報へのフィードバックまで手が回っていないことがどれだけ多い

ことか。

さらにはどんなに優れたＳＦＡもユーザーフレンドリーとは限りません。「機能が多すぎて、とても使いこなせていない」というのが現場の声ではないでしょうか。

では、どうするか？

管理帳票を「報告用」「管理用」だけに用いると、営業パーソンにメリットはないので形骸化しやすい傾向にあります。

それを是正するためには、管理帳票やＳＦＡの目玉に「受注確率のステータスを1ランクアップする『次の一手』」と「目標（予算）との不足額（残数字）をどう埋めるか」の2点を据えることです。

さらにはその2点の具体的方法について、営業パーソンと営業マネージャーが密なるコミュニケーションを取るためにスケジュール化してしまうことです。時に売れた経験のある人に「次の一手」のアドバイスを求めることも加えながら。

これを毎日5分続けただけで、業績が右肩上がりになるだけでなく、営業パーソンも営業マネージャーの成長も右肩上がりになるでしょう。

第10章

営業上の「迷い」、営業が「辛い」と感じた時にどうするか？

STEP 1

つまずきやすい場面への一問一答
～営業パーソンの生の声へのアドバイス～

1 自社製品を自信を持ってお勧めできない（心の底では「お勧め」と思えていない）

実直なご意見なのですが、正直、ここを考え始めてしまうと営業成績は低迷してしまいます。

なぜなら、自信を持って「お勧め」できる製品があったとしたら、それは高額過ぎて売り物にはならないかもしれません。

完全無欠な製品やサービスを作ることが可能であっても、コストが高過ぎたらビジネスにはならないのです。

あるいは、仮にそうした製品が現実的な価格で供給できるようになったとしても、その時に、それを売るために営業パーソンは必要でしょうか。

心の底から「お勧め」の商品やサービスは当然、その根拠となるかなりの強みを持っているでしょうから、顧客のほうから買いに来てくれるので、営業部門は不要かもしれません。

つまりは〝自信を持って「お勧め」できる製品〟というのは〝青い鳥〟みたいなもので、ないものねだりになってしまう可能性が高いのです。

現実的な話をすると、買うか、買わないかを決めるのはお客様のほうです。その意思決定の基準もこれまで解説してきたように一つではありません。

数社と比較して、機能特性はA社、価格はB社、柔軟な対応力はC社といった流れで評価されるのに、営業パーソンが〝十把一絡げ〟でザックリ「自社製品を自信を持ってお勧めできない」と判断するのは大雑把過ぎるのです。

「総合的にはA社に負けるが、○○の機能特性だけは自社が一番優れているとするなら、そこを〝お勧め〟に据える」のが営業パーソンの仕事です。

もっというと、お客様は「あなた」から買いたいと思っているかもしれません。営業パーソンの介在価値について考えたことがあるでしょうか。

製品力なら、間違いなくA社製品を選ぶけれど、普段から役立つ情報を持ってきてくれるので、あなたから買いたいというお客様は山ほどいます。

何かあった時に最後まで逃げずに対応してくれるので、多少高くても御社から買うという企業も少なくありません。

ホントのことをいいます。「自社製品を自信を持ってお勧めできない」なんて営業パーソンが思ってしまったら、製品が可哀想過ぎます。

ここは、自己暗示でも、一点突破でも構いません。自社製品に愛情を持って、戦える突破口を探して、「自社製品を自信を持ってお勧めできない」部分は自分の介在価値で補ってプラスを生み出す気持ちで、営業に向き合って欲しいと思います。

先人たちがそうしてきたように。

2 自分が担当の製品／客先を好きになれていないため、自主的な営業活動ができない

短答

「好き」は感情・感覚ですが、1と同様、製品、ましてやお客様を好きになれないと考え始めてしまうと営業成績は低迷してしまいます。

「好きになれない」といっている人に「好きになれ」とはいいません。しかし、**担当の製品やお客様を「好き」「好きではない」という二元論で考えてしまうのは危険**です。白と黒の間にはグレーがあり、しかも黒に近いグレーと白に近いグレーがあるのが事実なはずです。

しかも四捨五入するかのように「好きになれない」と極論に決めつけてしまうのは、何のプラスも生みません。

好きか、好きではないかを決めるのではなく、自社製品の「好きなところ」、お客様の「好きな部分」を見つけるのが正しい考え方になります。

どんなに微細なことでも構わないので。

ところで、国語では「好き」の対義語は「嫌い」でしたが、実は「好き」も「嫌い」も感情のエネルギーは同じなのです。

その感情のエネルギーがポジティブな方向を向いていれば「好き」ですし、ネガティブな方向を向いていれば「嫌い」になります。

問題は「好きになれない」が「無関心」になってしまうケースです。「無関心」は最悪で、感情のエネルギーが「ゼロ」の状態なので、営業成績には強い悪影響を及ぼします。

つまり、製品やお客様を好きになれなくても、関心を持ち続けること。「なぜ、好きになれないのか」を分析することも、関心がないとできないことなので、そのアプローチでも構いません。

「好き」であることは武器になりますが、好きになれないならなれないで「関心を持つ」ように自身をコントロールするようにしてみましょう。

3 ミスをした時の立ち直り方が分からない

よく「ミスを引きずるタイプ」という言い方をしますが、起こしてしまったミスを気にしてクヨクヨしてしまったり、必要以上に自分を責めてしまう人もいます。

こうしたタイプは「同じミスを繰り返す人」ではなく、むしろ**メンタルヘルスケア的な対処方法を知っておくことが必要**になりますので、そのいくつかを紹介しておきましょう。

自分自身も周りには明るく、元気で、ノリのいい営業マンと思われていたに違いありませんが、その一方でずっと心の中にいる「繊細さん」と向き合って生きてきました。

ですので、次の方法は全て試してきました。

❶ 陽転思考

これは、すでに紹介してきましたが、**「せっかく、〇〇というミスをしでかしてしまったのだから～」**と、「～」に入るフレーズをフィット感を得るまで考えてみる方法です。

❷ 心の中で実況する

これは、かつて心理学者の植木理恵さんから直にアドバイスされた方法ですが、ミスをして立ち直り方が分からず、クヨクヨしている自分の状況をそのまま実況する方法です。

「何年振りになるでしょうか、大塚、〇〇をしでかしてしまい、食事が喉を通らなくなっています！　やっぱり今朝も早朝覚醒して、クヨクヨしています。頭の中はそのミスのことで一杯、しかし、同じシーンを繰り返しているだけで、これは空転といってもいいでしょう」

といった感じで声に出して実況するのです。

言葉に出して心境を外に出す分、ネガティブエネルギーも排出されます。

❸ 逃げ場所を作る

これは相談する人でもいいですし、愚痴を聞いてくれる相手でも家族でも構いませんし、激しく体を動かして汗をかいてリフレッシュできるスポーツでも構いません。

大自然に触れたり、星空を眺めたりして、**「こんな小さなことでクヨクヨするのはバカらしい」**と思えるようにする方法です。

お祓いを受けるという神頼みも効果的です。これは24歳の厄年に実践済みですが、ものすごく効果があって、リクルートの旧つつじヶ丘寮ではずっとこの方法が引き継がれていたほどです。

❹ 自分のせいにしない

うつ病は無責任な人や他責の人には発症しないといわれます。

逆に、「必要以上に自分が責任を感じてしまう」人はかかりやすいことになりますから、その予防として、〝自分のせいにしない〟という意識がメンタルヘルスケア上は有効になります。

そもそも上司や組織は「部下のミスの責任を取るために」に存在しているのですから、ミ

スの尻ぬぐいは、より高い報酬をもらっている人にお任せしましょう。

❺過酷な現実の中で生きる人たちに思いを馳せる（戦地、被災地、病院）

さすがに今の日本では戦争は考えにくいですが、自分が営業の仕事でミスをしたくらいで命まで落とすことは考えにくいでしょう。

しかし、**被災地や病院には生死という過酷な現実と向き合う人がいます。**

ふがいない自分を奮い立たせたくて、靖国神社に併設された遊就館で学徒出陣で戦地に散った人たちのたくさんの遺書に触れた時、背筋が伸びて、吹っ切れたことを鮮明に覚えています。

❻仕事のミスは仕事で返す！

こう思えたら苦労はしないのかもしれませんが、最後に加えておきます。リベンジです。落ち込んでいる暇はありません。**ミスで周りに迷惑をかけている上に、落ち込んで周りに気を遣わせてはいけません。**

❶～❺のいずれかを試して、必ず、仕事のミスは仕事で取り返しましょう。

STEP 2

「売れる営業力」養成講座 マインド・心構え編

1 営業に向いていないと思っている人のために

第8章でも触れましたが、営業に向き、不向きはありません。もちろん、ご自分を「営業に向いている」と思うなら、それはいいことですので前向きにとらえて経験を重ねてください。

問題は「向いていない」と思い込んでいる人です。

外交的な性格が営業に向いていて、内向的な性格は営業に向いていないと考えられがちですし、他人とのコミュニケーションが苦手なので営業に向いていない、というのも至極全うな理由のように思えます。

〈 営業に向き不向きはない。自分のスタイルで 〉

営業スタイルは「育つ」もの

- 「外交的な性格が営業に向いている」というのは思い込み
- 営業の向き不向きは自分自身ではなくお客様が決める
- ペルソナメソッドで自分と重なるキャラが見つかる
- 営業は「方法をいくつ知っているか」で決まる
- 専門的な知識を持っていれば武器になる
- お客様のニーズに応えよう

しかし、**営業の場合、「向き、不向き」を決めるのは営業パーソン自身や上司ではなく、「お客様」のほうなのです。**

元気で明るくハキハキした営業パーソンが営業向きに思えるかもしれませんが、そんな表面的なことではなく、「技術の分かる人を寄こしてくれ」とか「もっと気の利く営業はいないのか」と不満を持っているお客様は山ほどいます。

「調子がいいだけで、フットワークが悪い」「営業じゃ埒が明かないので、直に設計の人を寄こして」という本音がいかに多いことか。

正直、営業に技術知識を覚えさせるより、技術者に営業をさせたほうが早いと判断する企業もあります。

さて、そんな中で**私が共有したいのは、営業に向き、不向きはなく、必ず自分に合った営業スタイルがあるという事実です。**

技術出身者やSE出身者はその技術知識や経験が営業でも大きな武器になりますし、現場出身者も現場のことに精通しているので、お客様から見ると「1をいえば10を知ってくれるかゆい所に手が届く営業パーソン」です。

まずは、**自分に足りないところを嘆く前に、自身が担当するお客様が求める営業パーソン像を描いてみましょう。そこに自分のキャラやスキルや経験などで重なるところがあれば、そこを営業スタイルにするのです。**

重なる部分がなくても心配は無用です。例のペルソナメソッドを用いてもいいですし、**お客様の期待に応えられる動きをしているだけで、営業スタイルは育ってくるものです。**

そもそも営業というのは「方法をいくつ知っているか」で成果が決まってしまうものなので、ここまで読み進めたあなたはすでにその方法を手に入れつつあるわけです。

それを実践するだけで、成果は出ますので、私の主張が正しいことをぜひ、証明してください。

2 「オーラの営業」という伝説

第1章でリクルートで天才といわれた営業マンと同郷で、彼の弟と私の姉が同級生だったことから、一子相伝ともいえる営業方法を伝授されたと紹介しました。

そのIさんは破滅的な性格ではあったものの、営業的には独特の嗅覚を備えていて、それを言語化できる不思議な人でした。

彼はその営業を称して「**オーラの営業**」と呼んでいました。そして私は後年、リクルート史上最強といわれたINS事業部（情報通信事業部）をモデルに同じタイトルの営業小説をシリーズ化して発刊しました。

たまたま「オーラの泉」というテレビ番組を観ていた家内が「何か、オーラの営業、オーラの営業っていってたけど、今、〝オーラ〟ってキーワードかもよ」などといわれたので、私も一度その番組を観てみました。

そこで〝オーラの色〟の発想を得て、営業を「赤オーラ」「青オーラ」「緑オーラ」に分類して、ビジネス小説仕立てにしたのです。

〈 オーラの営業～営業の三原色をまとう完全体を目指して～ 〉

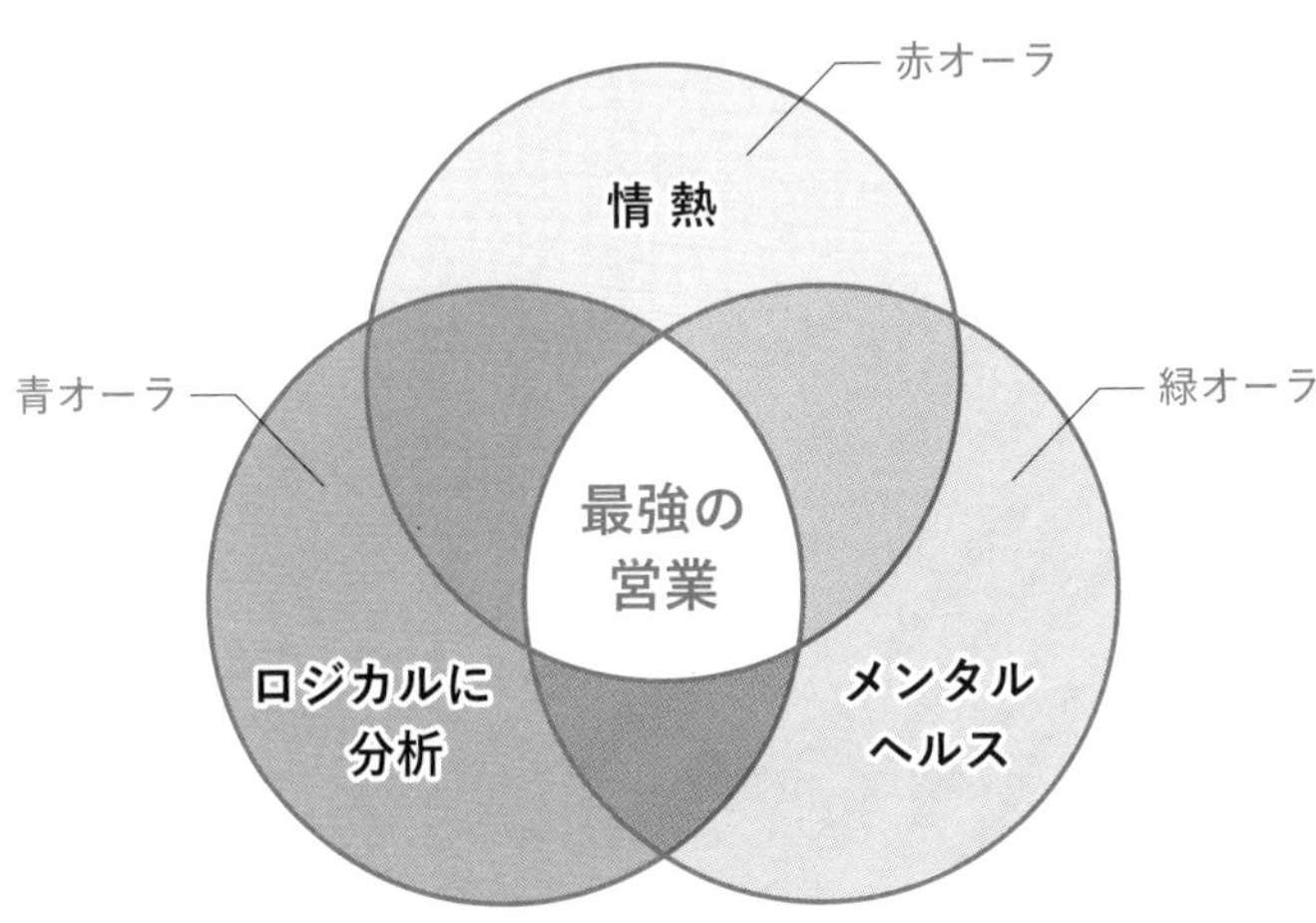

ちなみに「**赤オーラ**」はテンションを高め、自身の情熱に着火させるために自社製品を愛し、顧客を愛するようにマインドセットする情熱系になります（かつての気合と根性もここに入ります）。

その対極の「**青オーラ**」は市場、顧客、競合を分析し、顧客の課題を把握し、そこに自社製品の強みを訴求するといったロジカルな営業モードです。また、顧客の期待を把握し、その期待に応えきる、期待を超える提案力なども「青オーラ」に含まれます。

しかし、この「赤オーラ」も「青オーラ」も高めれば高めるほど精神的な疲弊を伴いますので、営業寿命を短くしてしまうのです…。

そこで登場するのが「**緑オーラ**」。

「赤オーラ」「青オーラ」で疲弊した体と心のバランスを修復するためのモードです。メンタル・ヘルスケアといってもいいでしょう。

さて、この「赤オーラ」「青オーラ」「緑オーラ」ですが、そう、学校で習った「光三原色」では赤、青、緑が重なると無色透明になりましたね。

この営業が展開された時、視覚ではなく体全体に〝波動〟のようなエネルギーを感じるようになります。

この〝波動〟が操れるようになるのが、オーラの営業の奥義という件(くだり)でした。

本では劇画っぽくしましたが、これ、全て真実です。

3 売れる営業の本質

営業の本質というのは、

1. 相手の期待を知る

2. 相手の期待に応える
3. 相手の期待に応えきる
4. 相手の期待を超える

という一連のプロセスです。

しかも価格競争力や品質に優る競合他社に勝つためにはいかに期待に応えきれるか、できれば期待を超えるレベルが勝負どころとなるでしょう。

その際に武器となるのが「**感情移入＋方法**」です。この2つが「売れる営業の本質」といっていいでしょう。

まずは、「**感情移入**」から。

これはリクルートに入社して営業の仕事を始めた時に、多くの先輩たちが口々に教えてくれたことでした。

「ん、感情移入って…」と最初から「ピン！」ときたわけではありませんが、何となく意味していることは分かりました。

「ピン！」と来るようになったのは、何十社、何百社と受注を重ね、価格が高くても、品質に優る競合であっても勝てるようになってからです。

顧客に感情移入することによって、顧客以上に顧客の課題の原因が見えてきたり、問題解決の糸口がつかめるようになったりすることを実感しました。

「お客様の立場になって考える」より「お客様になりきって考える」ほうが強いのです。

そもそもお客様と私たち営業パーソンの間にはコミュニケーションしか存在しません。コミュニケーションは「思い」の発信と受信でできているわけですから、そこに感情移入が加われば、お客様と通じ合うもの、響き合うものが生まれ、その延長線上に「受注」があるのです。

次に「**方法**」ですが、スポーツや楽器の演奏と同様に営業の全てのプロセスには「正しい方法」があります。

ゴルフやテニスに正しいフォームやその場に応じた打ち方があるように、営業にも正しい対処の「しかた」があるのです。

その方法を知っているか、指導されているか、それに気づいているか、あれこれ試行錯誤してそこにたどり着いたか、が営業力の差になっているに過ぎません。

要はその売れる方法を知っているか、知らないかだけだったのです。

営業力というのは、ほとんどがコミュニケーション上にあるので、方法さえ知ってしまえば、再現性が高く誰でもできるようになるものです。

ですので、あなたもぜひ、この本で紹介した新しい方法を必ず試してみてください。

その際、**成果があった、なかったかの前にまずは「手応え」を意識してください。手応えも成果もなかったら、全否定するのではなく、微修正して再実行を繰り返しましょう。**その過程で自身の営業にフィットさせていくことができるので、手応えがあったら、それを取り入れ、手応えが感じられなかったら微修正を繰り返して営業力を高めていきましょう。

あなたが、近い将来、売れる営業パーソンになる日を楽しみにしています。

そして、その方法を後進と共有することも忘れないでください。

あなたの営業の成功を願ってやみません。

巻末資料

話のケース

切り返し	ポイント
「実は、御社の社用車の件で、3点ほどお聞きしたいことがございまして、ご連絡差し上げました」（ハッキリと！）	フレーズの主語（主部）を「相手側のこと」に！「クルマを売り込みたい」ではなく、「3点お聞きしたい」という質問にする。
「失礼致しました。そうしましたら、社用車を担当されています総務部（管理部門）の部長をお願いいたします」（キッパリ言い切る）	社用車の管轄は総務部が最も多いが、小規模で総務部がなさそうな場合は管理部門と言ってみる。部長クラスを依頼する。
「おお、これは失礼致しました。そうしましたら、また改めますが、どなた様宛てに改めればよろしいでしょうか？」	社用車の所管部門と責任者名を聞く。テレワークの場合は次の出社日も聞く。
即答の場合は、「断りの断り」、つまりは最初から断るつもりで機械的に言っている場合が多いので、「リモートになりますでしょうか？」などと続けて、次に出社する日や戻り時間を聞くなど、次につながる情報を得たい。	基本的に快く対応してくれる会社などないので、次につながる情報を得るように心がけたい。丁寧に明るい声で。
業種ごとの特性をあらかじめ把握しておいて、顧客の興味、関心に訴求できるように「荷室の使用方法、荷室に求めるニーズ」「燃費」「降雪地比率」など、バンタイプ、ワゴンタイプ、SUV、ディーゼル、ハイブリッド、EVなど、相手が関心を持っているキーワードを振る。クローズドクエスチョンでニーズを確かめるのがスマート。	ここで用途、ニーズを引き出せるとアポイントが取りやすくなり、訪問時の営業ツールも準備しやすくなる。
「現在、一番多いのは、バンタイプになりますでしょうか、ワゴンタイプになりますでしょうか？　それとも今、流行のミニバンとか…？」など、相手が回答しやすい質問にする	呼び水となる選択肢を設けた質問にする。
「失礼致しました。実はT社に関するアンケートではなく、現在、全県の事業所に対し社用車選定のポイントとなる事項とT社に関するイメージ調査をさせて頂いておりまして…」	この時点で新規ターゲットであることが確定したので、営業を進める。
「この地域、N社がお強いのは重々承知しておりますが、実はN社さんにラインナップされていない車種のご提案がありまして…」	N社にラインナップされていない、車種を突破口にする。
「あっ、いやセールスではなくて、ちょうど、例のミニバンがモデルチェンジになりますので、そのご紹介と思いまして…。近くを回ったついでの時にでも、置かせて頂いてよろしいでしょうか？」	ハードルを下げて、相手に「YES」と言わせる。
「おお、これは失礼致しました。それでは、またタイミングを見計らって改めさせて頂きます。ご対応、ありがとうございました」（さわやかな印象を残すように！）	少し時間を明けて、「社長用のクルマ」など切り口を変えて、社長宛てに電話してみる。

切り返しトーク集 Ⅰ

【前提】誰にでもイメージできるようなクルマの法人営業、リードゲット（見込み客獲得）電

言われた言葉	状況
「どのようなご用件でしょうか？」	自分が名乗り、担当部門を聞いた後で
「誰につないでいいか分からない」	電話に出た相手に要件を伝えた後で
「テレワーク中で…」	電話に出た相手に要件を伝えた後で
「あいにく担当は不在ですが…」	電話に出た相手が即答
「あまり時間がないので…」	買い替え時に必要な情報を聞いている状況
「今、乗っているクルマと言われても…」（答えたくない空気感）	車両情報のヒアリング中、即答できない状況
「うちはＴ社のクルマ、ありませんが…」	Ｔ社車対象のアンケートと勘違い
「Ｎ社が取引先なので…」（断りモード）	他メーカーは要らないという拒否の態度
「カタログは必要ないなぁ」	アポが難しそうなので、カタログをキッカケにしようとした
「別に興味ないので…」	訪問も、カタログも拒む場合

切り返し	ポイント
「CO2排出削減目標やEV車、ハイブリッド車、自動運転に関する情報交換をかねて、お客様の生の声をお聞かせ願えればと訪問させて頂いております。決してセールスではございませんので、ご安心ください」	法律、法令、環境適応、自動運転に関する情報提供という口実で流れを変える。
「あっ、失礼致しました。それはおっしゃる通りでございます。で、実はそれが、○○市ではN社でラインナップされていない車種の引き合いが多くて、失礼ながら、お声がけさせて頂いた次第で…」	対立構造とならないように、近隣からの引き合いという呼び水を投げる。
「T社では今後、法人様へのサービスを強化したいと考えておりまして、現場の様々なご要望やご意見をお聞きしております」	用件を明確に言い切る。
「これは、失礼致しました。そうしましたら、お仕事でおクルマをお使いになる際は、社長や従業員のみなさんのクルマを利用されているという理解でよろしいでしょうか？　そうしましたら、テレビのCMなどですでにご存じかもしれませんが、低燃費のコンパクトカー○○が発売になりましたので、カタログを持参しておきますので、従業員のみなさんに回覧などして頂ければと思います」	土地柄、クルマは生活の足なので、自家用車はほとんどが持っていると考えられる。受付も個人的にクルマを使っているはずなので、CMで話題のクルマは知っていることが多い。
「県内の各企業にお配りしておりまして、T自動車のトピックや新車情報だけでなく、世界的なEV化の流れなど、業界のトレンドや環境に関する法令への対応などの情報を盛り込んだ冊子ですので、セールスとは無関係とお考えください」	セールスとは無関係なので、ご安心くださいという雰囲気で。
「最近話題になっています、自動運転の実際の場面の映像や操作方法、様々な利用者の声を反映させたオンラインセミナーを実施しておりますので、コンプライアンスという点からも社用車を使われている方の安全管理という点からも好評頂いてますので、ぜひ、ご参加ください」	コンプライアンス、社員の安全管理に役立つ情報だということをアピール。
「今、お使いのクルマは結構長くお使いでしょうか？」「○年お使いですと、走行距離も結構になっているのでは、ないでしょうか？」「最近のクルマはとにかく燃費が良くなっていますので、走行距離が長いようでしたら…」	直接的には新車の購入予定などは聞かず、間接的に現在の状況質問を展開する。
「これは、失礼致しました。このお電話はセールスのお話ではございません。実は、私どもT自動車では法人のお客様へのサービス向上を目指しておりまして、そのアンケートでお電話差し上げたのですが、お忙しいところ恐縮ですが、2～3分お時間を頂きたいのですが…」	営業の電話は警戒されるのが当たり前。さらには忙しい人には嫌われるものなので、端的にテンポ良く切り返すこと。ただし、絶対にひるんではダメ。

言われた言葉	状況
「クルマの購入予定はないので、来なくていいよ」	営業をかけられると警戒
「ここはN社の地元だから、T社に用はない」	○○市で多かったコメント
「この電話は何の電話？」	リサーチ会社の電話だと思っている場合
「社用車は使ってないよ」	規模的に個人と法人が区別されていないケース
情報誌、資料の類は要らない	DMが来ると営業されると思っている
「情報も必要ないかなぁ」	情報提供、オンラインセミナーを案内している状況
「新車を買う予定はないので…」	新車の購入予定について聞きたい場面
「こうした電話はお断りしています」	挨拶の段階で一方的に言われた

切り返し	ポイント
「承知いたしました。そうしましたら、何度もお電話してもご迷惑と思いますので、社長宛てに環境に関する法令への対応、世界的なEV化の流れや業界のトレンドなどの情報を盛り込んだ冊子をお送りいたします。T自動車のトピックや新車情報なども掲載されていて、社員のみなさんのクルマ選びのご参考にもなると思いますので、回覧して頂ければと思います」	3回目になって前回までと同じ状況なら、事態は好転しないので、社長への情報誌送付の許可を得る。担当者の名前を言いたがらない場合が多いが、社長名はネットで検索できるので、受付に聞く必要はない。
担当者が女性やクルマに興味のない人だったりした場合は「テレビのコマーシャルをご欄になったイメージとかはいかがですか？」といった展開に。	誘導尋問的になってOK。特に女性の場合は、時別なイメージを持っていないほうが多い。
「今、テレビCMやネットなどで様々な広告を出していますが、何か記憶に残っているものはございますか？」	もし、ここで特定の車種の名が出たら、カタログ持参に結びつける。
「これは、失礼致しました。実は、これまで、個人のお客様メインでやって参りましたが、今後は県内の法人のお客様にもサービスを展開させて頂くことになりまして…。まずはご挨拶させて頂きたいという主旨で、近くのT社の担当者が市内を回っておりまして、御社にも記念品と商用車のカタログを持参できればと思い、ご連絡差し上げました。持参する際に、お忙しい時間もあるかと存じますので、避けたほうがいい時間帯を教えて頂けますでしょうか？」	「営業」「営業担当者」「セールス」「販売会社」というキーワードが”売り込み”のイメージを与えてしまうため、「近くのT社の担当者」という婉曲な表現で警戒心を解く。相手に尋ねているのは、あくまで「訪問してはいけない時間帯」なので、そこで回答を得ることができれば、それ以外の時間帯には訪問していいという許可を得たことになる。さらに、そこに続けて、持参するカタログ候補としてトラック、バン、ワゴン、ハイブリット車、EV車などの候補を推測して示せば、現有車の情報につなげることができる。
明らかに営業だと悟られた場合は、さっさと次の話題に展開するほうがスマート。「なるほど、そうなのですね。スミマセン、アンケートに戻りますが、その“ご贔屓”にされている理由というのは…」とアンケートに戻ることを強調しつつ、ニーズの核心をヒアリングする。その上で、「入札や相見積の際の参考資料として、カタログを持参しておきます…」という相手が断りにくいキーワードの入った展開を作る。	「決まっているところがある」というのは、「おたくからは買わない」という意味だが、今日、法人の場合はコンプライアンス上、随意契約は好ましくないので、入札、相見積、コンペが常識となる。その際の資料となると断るほうに後ろめたさが残るので、その心情を利用して、カタログ持参に持ち込む。
「現在、県内の各事業所様を回らして頂いておりまして、お客様の生の声を伺っております…」	セールスではなく、あくまでご挨拶とアンケートを強調。

言われた言葉	状況
「担当者でないと分からない」	３コール目まで、同じセリフ
「特にないです」	T社に対するイメージを聞いた際
「T社のイメージと言われても分からないなぁ」	T社の印象やイメージを質問した際
「T社は考えていないので、訪問頂く必要はありません」	「訪問」というと売りつけられるイメージがあり警戒している
「決まっているところがあるのでいいよ」	社用車買い替えのポイントを聞きたい場面
「別に来てくれなくていいので…」	営業をかけられることを警戒

する設定）

切り返し例2	ありがちなケース
「営業アウトソーシング事業のご案内でお電話させて頂きました」（キッパリ）	大代表への電話は、売り込み電話抑制の意味もあって、基本的に用件を聞かれる。
潔く詫びて、切る。そして代表電話の一番違いに当てずっぽうでかけてみる。「あれー？営業部さんでは…？」とすっとぼけてみて、営業部に回してもらう。	部長クラス以上（執行役員や取締役、場合によっては社長）を呼び出すので、用件を聞かれたり、拒否されることが多い。
	ありがた迷惑…？「名前で呼び出しているんだから、名前の人を出せばいいのでは」と心の中で呟きながら、穏やかに切り返す。
	電話の取り次ぎ先の部門と相手の名前が分からないと今は取り次いでくれない。
「はい、以前一度ご挨拶をさせていただきまして…」（面識はなくても、過去に電話で会話したことさえあれば、この言い方でＯＫ。ウソはダメ！）	売り込み電話を警戒して、断る理由を探す。
それでは、お送りさせて頂きます。どなた様宛てにお送りすればよろしいでしょうか。	売り込み電話の断りマニュアルの定番。近年特に多い。
	売り込み電話排除のスタンス。
	「たらい回し」は多いが、逆にどの部署が何をやっているのかが分かるので、むしろ好都合。
	担当者は、自分の仕事を増やしたくないので、回避しがちになる。管理職へのアプローチがベター。
	むしろ、社内的な部門間の守備範囲、職掌を気にする。

切り返しトーク集 Ⅱ

【前提】新規のテレアポ電話のケース（人材サービス会社が「営業のアウトソーシング」を拡販

相手	言われがちな言葉	切り返し例1
大代表受付	「どのようなご用件でしょうか？」	「弊社シールートグループは、人材サービスを行っている会社ではございますが、今回は事務職などの派遣のお話ではなく、営業代行サービスのご案内ということでお電話させて頂きました」（キッパリ）
	「恐れ入りますが、代表からは役員や秘書に取り次ぐことはできかねます」	「そうでしたか。失礼致しました。では、担当部門の責任者の方にお願い致します」（と言って、つないでもらう相手を担当部門の責任者に代える）→ためらわずに自然な流れで！
	「○○○さんは人材関係ですよね？ でしたら人事部におつなぎ致しますが…」	「いえ、確かに弊社は人材サービスを行っている企業ではございますが、今回は通常の事務派遣とは別件のお話でお電話させて頂きましたので、○○部の△△様宛でお願いします…」（キッパリ言い切る）
	「正確な担当部署名と名前が分からないとおつなぎすることはできかねます」	「おお、さようでございますか。これは失礼致しました」では、営業部長をお願い致します。
	「こちらからお願いした件でしょうか？」	「いいえ。初めてお電話差し上げましたが、営業部長をお願い致します」
	「新規のご案内は弊社のほうに一度資料などを送って頂きまして、必要があれば担当の者からご連絡させて頂きます」	「あっ、これは失礼しました。資料がいくつかに分かれておりまして、御社にピッタリのものをお送りさせて頂きたいので、新規の取引先開拓にご興味があるかどうかだけお聞き願いたいのですが…」（興味のない企業なんてない）
部門受付	「どのようなご用件でしょうか？」	「営業活動に関するサービスのご挨拶を○○様宛てにさせて頂きたく…」
	「そういったお話は人事のほうにお願いしたいのですが…」	「営業活動に関することですので、是非○○部長とお話させて頂きたいのですが…」
担当者	「んー、そういう話は私じゃなくて、人事だなぁ…」	「確かに、派遣などを導入してくださいとうお話でしたら、やはり本来の人事などのご部署にご連絡させて頂くのが筋ですけれども、、今回は導入してくださいというお願いではなく、あくまで事例のご紹介をさせて頂きたいだけでして…、人事のご部署だと、各営業部様や事業部様の課題感などがお分かりになっていらっしゃらないことのほうが多いんですよ。 各営業部（各事業部）ごとに取り扱っていらっしゃる商材や、営業戦略、営業課題って、違ってきますよね？（促す） まずは○○様からお聞きできる範囲で構いませんので、お話を伺わせて頂いた上で、お役に立てる事例をご紹介させて頂きたいのですが…」
	「人事のほうを通してくれているんだったら、会ってもいいよ」	「弊社、事務職派遣などでお世話になっているのですが」（もうすでに人事とつながっているんだよ…と匂わせつつ）「かしこまりました。では、人事の方に一度ご連絡させて頂きまして、再度また、○○様にご連絡させて頂きますので、どうぞよろしくお願い致します」

■選択した顧客【　　　　　　　　　　　　　　　　　　　】※大手は部門ごとで可

■顧客の戦略・中計

⑪営業先部門の戦略、中計、方針 →どこに進もうとしているのか

顧客の競合／競合の商材

■顧客の課題

⑫企業としての顕在的課題、潜在的課題
⑬製品、サービスにおける顕在的課題、潜在的課題
⑭直近の興味、関心

■登場人物　他

⑮キーパーソンは誰か？
 →キーパーソンの意思決定の基準 →支援者は？ →障害になりそうな人は？ →決裁ルートは？
⑯登場人物は？
→誰が案件に関わってくるか？
⑰その他、特記事項

顧客情報分析シート(Ⅰ－17)

■所属＿＿＿＿＿＿＿＿　■名前＿＿＿＿＿＿＿＿

(注)不明な箇所は空白に

■4P+α

①顧客の製品・サービス(必要に応じ製品を絞って)

→どんな強みや特性

→どんなコンセプト

→どんなブランドイメージ

→どんな付加サービス

②価格

→どのような価格戦略

③チャネル

→どのような商流

④プロモーション

→どのような営業戦略

→どのような販促活動

⑤顧客の企業特性

→ビジネスモデルは変わりやすい会社か?

→自前志向かアウトソーシング志向か？(組織の人数からも推測)

■3C

⑥顧客の主要なターゲットは？

→具体的業界、企業、団体

→どんな特性を持った業界、企業、団体

→どんな課題を持った業界、企業、団体

⑦顧客の競合は？

⑧競合とどのような戦いを演じているか？

■ PEST

⑨直近の外的環境の変化による機会や脅威

→法令、景気、社会的動向、技術革新によるところの

■ SWOT (⑩強み、弱み、機会、脅威)

	顧客／顧客の商材
強み	
弱み	
機会	
脅威	

　※顧客について、より深く知るためのシート(密着度の高い顧客用)

■ベネフィット

⑫自社が役立てそうなこと

→顧客の興味・関心に応え、お困りごと、課題解決のために
→顧客が自社製品を通して得る恩恵

■顧客とあなた

⑬顧客があなたに期待していることは？

→コスト以外に期待していることは

【顕在面】

【潜在面】

■商材の強み（競争優位性）

⑭強み（何が、どこに、どのくらい強いのか）

→重点顧客に対する自社の強み

⑮提案や営業の「切り口」

⑯よくあるネガティブ、無関心な対応

■登場人物　他

⑰キーパーソンは誰か？

⑱キーパーソンの意思決定の基準

⑲支援者は？

⑳障害になりそうな人は？

㉑決裁ルートは？

㉒登場人物は？

→誰が案件に関わってくるか

重点顧客分析シート(I－22)

■所属＿＿＿＿＿＿＿＿　■名前＿＿＿＿＿＿＿＿

(注)不明な箇所は空白に

■顧客情報

①企業名

②業種、業態、業務内容
→何をしている会社か

③売上

④従業員数

⑤顧客の企業特性や風土
→保守的、新しいモノ好き、ワンマンなど

⑥顧客の競合は？

⑦競合とどのような戦いを演じているか？

■ PEST

⑧直近の外的環境の変化による機会や脅威
→法令、景気、社会動向、技術革新によるところの

■顧客の興味・関心、お困りごと、課題

⑨直近の興味・関心

⑩お困りごと

⑪企業としての顕在的課題、潜在的課題

※顧客データベース化を前提にしたシート(後任者への引き継ぎに便利)

■アプローチ方法

具体策

■準備する事例

事例名

■スケジュール

上期	下期

アクションプラン

■所属

■名前

■営業計画

アプローチ数

商談目標(商談化の数)

受注件数

受注額

■自社が提供する価値

顧客に役立ちそうな自社製品、サービス

→顧客が恩恵を受けるであろう製品やサービス

自社の強み、競争優位性

■アクションプランを進める上で、解決しなければならない障害

顧客に関すること

自社に関すること

競合に関すること

■ターゲット顧客

社名

①

②

③

■アクション

何をやるか、どのようにやるか?

→どういう「切り口」

※プロダクト営業、ソリューション営業、エリア営業用

Information

エマメイコーポレーション／オフィシャルサイト

オーダーメイドの営業研修、営業力強化に関するご相談はこちらから。

https://emamay.com

営業サプリ／オフィシャルサイト

マンツーマンのオンライン営業スキルアップ研修に関するご相談はこちらから。

https://www.sapuri.co.jp

大塚　寿（おおつか　ひさし）

1962年群馬県生まれ。株式会社リクルートを経て、サンダーバード国際経営大学院でMBA取得。現在、オーダーメイド型企業研修、営業コンサルティングを展開するエマメイコーポレーション代表取締役。打ち合わせを重ね作成した事例によるケースメソッドの営業マネジメント研修、受講者の実案件ベースからスタートする並走型の営業研修が日本の主力企業で好評を博し、中小企業のオーナーから熱い支持を得ている。リクルート社の伝説の営業パーソンが講師陣に名を連ねるオンライン営業研修「営業サプリ」において158万人が読んだ「売れる営業養成講座」の執筆・総合監修を務める（株式会社サプリCKO）。

リクルートに入社後、当時「天才」と言われていたトップセールスと同郷で、彼の弟と自身の姉が同級生であることが発覚。それ以来マンツーマンで売れる営業の手ほどきを受けた結果、“日本最強”といわれた営業部隊でトップセールスとなる。“営業に向き、不向きなどなく、方法さえ知っていれば誰でも売れるようになる”という原体験から、その方法の体系化のためにMBA留学、すべての業界の営業特性に対応できる“13カテゴリー 144スキル”を完成させる。

著書に、『リクルート流──「最強の営業力」のすべて』『法人営業バイブル──明日から使える実践的ノウハウ』『できる40代は、「これ」しかやらない　1万人の体験談から見えてきた「正しい頑張り方」』（以上、PHP研究所）や、シリーズ28万部のベストセラー『40代を後悔しない50のリスト』（ダイヤモンド社）など20数冊がある。


〈営業サプリ式〉大塚寿の「売れる営業力」養成講座

2021年 6月20日　初版発行

著　者　大塚　寿

発行者　杉本淳一

発行所　株式会社日本実業出版社　東京都新宿区市谷本村町3-29 〒162-0845
大阪市北区西天満６－８－１ 〒530-0047

編集部 ☎03-3268-5651
営業部 ☎03-3268-5161　振　替　00170-1-25349
https://www.njg.co.jp/

印刷・製本／中央精版印刷

ISBN 978-4-534-05859-1　Printed in JAPAN

〈 顧客分析シート(Ⅰ－18)〉

■ 所属／名前

■ PEST

①直近の外的環境の変化による機会や脅威

➡法令、景気、社会動向、技術革新によるところの

■ 3C

②顧客の企業特性や風土

➡保守的、「新しいモノ好き」、ワンマンなど

③顧客の競合は？

④競合とどのような戦いを演じているか？

■ 顧客の興味・関心

⑤直近の興味・関

⑥お困りごと

⑦企業としての顕

■ 選択した顧客【　　　　　　　　　　　　　　　　　　　　　　　　】※大手

、お困りごと、課題

心

在的課題、潜在的課題

■ ベネフィット

⑧自社が役立てそうなこと

➡顧客の興味・関心に応え、お困りごと、課題解

➡顧客が自社製品を通して得る恩恵

■ 顧客とあなた

⑨顧客があなたに期待していることは何です

➡コスト以外に期待していることは？

【顕在面】

【潜在面】

は部門ごとで可

■ 商材の強み(競争優位性)

⑩強み(何が、どこに、どのくらい強いのか)

決のために

⑪提案や営業の「切り口」

⑫よくあるネガティブ、無関心な対応

■ 登場人物　他

か？

⑬キーパーソンは誰か？

⑭キーパーソンの意思決定の基準

⑮支援者は?

⑯障害になりそうな人は?

⑰決裁ルートは?

⑱登場人物は?

➡誰が案件に関わってくるか

〈 営業シナリオ作成シート 〉

■ 所属／名前

■顧客の興味・関心、お困りごと、課題

直近の興味・関心

お困りごと

企業としての顕在的課題、潜在的課題

■拡販のターゲット

拡販につながる顧客の課題や関心ごと

■顧客の戦略・中計・トレンド・方向性など

顧客がどこに進もうとしているのか

■自社が提供する価

顧客に役立ちそうな

⇒顧客が恩恵を受け

自社の強み、競争優

※顧客が1社の場合114・115Pのシートを採用、顧客が複数の場合372・373Pのシートを採用。

■ 選択した顧客【　　　　　　　　　　　　　　　　　　　　　　　】※大

■行動計画(定性)

重点施策
➡できるだけ具体的に、何をやるか、 どのようにやるか?(行動目標) その目的は?(目的)

■行動目標

定量目標
(例) ➡新規案件情報を○件入手 ➡新規部署○件訪問

■効果

行動の

値

自社製品、サービス
るであろう製品やサービス
位性

■営業シナリオを進める上で、解決しなければ

顧客に関すること

は部門ごとで可

測

■スケジュール

果による売上金額予測

上期	下期

らない障害

	自社に関すること
	競合に関すること